環境社会の変化と自然学校の役割

自然学校に期待される3つの基軸
――くりこま高原自然学校での実践を踏まえて

佐々木豊志
くりこま高原自然学校 代表理事

みくに出版

環境社会の変化と自然学校の役割
自然学校に期待される3つの基軸——くりこま高原自然学校での実践を踏まえて

[目次]

第1章 ▶▶▶ 研究の背景・目的と方法・論文の構成　9

第1節 研究の背景 …………………………………………………………… 11
1. 日本国内の環境社会の動向　11
2. 世界の環境社会の動向　11
3. 〝環境〟というキーワードと〝自然学校〟　14
4. 地域で評価され始めた〝自然学校〟　15

第2節 研究の目的と方法 …………………………………………………… 15

第3節 論文の構成 …………………………………………………………… 16
1. 全体構成　16
2. 3つの章における自然学校の3つの基軸の考察　17
3. まとめと最終章　17

第2章 ▶▶▶ 自然学校とは　19

第1節 はじめに ……………………………………………………………… 21

第2節 自然学校の定義 ……………………………………………………… 21
1. 自然学校の定義の試み　21
2. 自然学校の様々な定義　22
3. 研究における自然学校の定義　23

第3節 自然学校の発生と広がり ……… 24
1. 青少年教育や自然観察　24
2. 公害問題と地球環境問題　26
3. 「生きる力」を育む教育の機会を担った自然学校　26

第4節 自然学校全国調査から見えてくるもの ……… 27
1. 自然学校全国調査報告　27
2. 第5回自然学校全国調査報告から　28
3. 自然学校全国調査から示された特徴的な事項　29

第5節 まとめ ……… 32

第3章 ▶▶▶ 環境社会の変化　35

第1節 はじめに ……… 37

第2節 公害から環境社会への変化 ……… 37
1. 沈黙の春　37
2. 足尾銅山・公害病　38
3. 環境問題の複合化　39

第3節 持続可能な社会へ向けた教育～ESD～ ……… 39
1. 持続可能な開発　39
2. 地球サミット　40
3. 地域や社会にある課題を解決する教育　42

第4節 体験教育の課題の変化 ……… 43
1. 「経験主義教育」の論争　43
2. 今日的な教育の課題としての体験教育　45
3. 登校拒否から不登校・引きこもり・ニート問題　47

第5節 災害による変化 ……………………………………………… 49
1. 避けられない災害　49
2. 天災か人災か　50
3. コミュニティの変化　50

第6節 何が社会の課題になっているのか ……………………… 52
1. 自然学校を取り巻く社会の課題　52
2. 地域が抱える課題　52

第7節 まとめ ……………………………………………………… 54

第4章 ▶▶▶ 自然学校の創設者・代表者の意識調査　57

第1節 自然学校の特徴として考えられる要素 ………… 59
1. 自然学校の特徴を理解する観点　59
2. アンケート・インタビュー調査の方法　60

第2節 アンケート・インタビューから見える自然学校の特徴 ………………………………… 63

第3節 まとめ ……………………………………………………… 68

第5章 ▶▶▶ 自然学校の教育力の特徴　71

第1節 自然学校の学びの特徴 ………………………………… 73
1. 「教育」を特徴として指摘しているキーワード　73
2. 自然学校の創設者や代表者が影響を受けていた教育　75
3. 体験学習を中心とする自然学校の学びの特徴　77
4. 自然体験、体験学習と概念学習　80
5. 学びの対象の考察　82

第2節 自然学校が持つ教育力 ……………………………… 82

第3節 企業研修と人材育成 ………………………………… 87

第4節 自然学校の歴史的背景と教育的役割 ……………… 88

第5節 まとめ ………………………………………………… 91

第6章 ▶▶▶ 自然学校の連携の特徴　95

第1節 自然学校の「つながる」特徴 …………………… 97
　1. 自然学校の「社会関係資本」を構成する要素　97
　2. インタビューから「つながる」特徴について　98

第2節 社会関係資本と自然学校 ………………………… 99
　1. 「つなぐ」役割と社会関係資本　99
　2. 廃校を活かした新たな社会関係資本の形成　101

第3節 地域の拠点としての自然学校の可能性 ………… 103
　1. 自然学校関係者の地域の拠点としての意識　103
　2. 地域の課題から生まれた役割　105

第4節 ESDの拠点としての自然学校 …………………… 107
　1. ESDとしての総合系環境教育の登場　107
　2. スウェーデンのESD的な取り組み　108

第5節 自然学校と連携
　　　（地域・企業・行政・NGO／NPO） ……………… 110

第6節 まとめ ……………………………………………… 112

第7章 ▶▶▶ 自然学校の課題解決力の特徴　117

第1節　自然学校が取り組む社会的課題　119
1. 自然学校の「課題解決」を構成する要素　119
2. 自然学校は社会問題の解決に取り組む使命を持っている　120
3. 自然学校は、なぜ社会問題の解決に取り組むのか　122

第2節　自然学校が育む人間力・組織力　124
1. 自然学校の事業の特性とスタッフの成長　124
2. 特異な事態における自然学校の力　126

第3節　まとめ　127

第8章 ▶▶▶ 自然学校の3つの基軸　—結論—　131

基軸▶**1**「自然学校は教育力に特徴がある」　133
基軸▶**2**「自然学校は社会関係資本の活かし方に特徴がある」　134
基軸▶**3**「自然学校は社会の課題を見つけ、
　　　　　それを解決する力に特徴がある」　134

第9章 ▶▶▶ 社会的企業と展望　137

第1節　自然学校の課題と展望　139

第2節　ハブ機能としての
　　　　くりこま高原自然学校の取り組み　141
事例▶**1** 不登校・引きこもり・ニートの支援（教育の課題）　142
事例▶**2** 木造住宅・木質バイオマスエネルギーの活用
　　　　　（森林資源と被災地の課題）　145

◆目次　7

事例▶**3** 被災地の木材活用の家具づくり
（国産材・被災地支援の課題）　151
事例▶**4** エネルギー・食・住を包括する　154

第3節　4つの事例から、
　　　　自然学校が期待される機能 ……………………… 158

参考資料・アンケート用紙　160
参考文献　162
あとがき　166

ブックデザイン・DTP：山中俊幸（クールインク）

第1章 研究の背景・目的と方法・論文の構成

人間社会の経済活動が引き起こし、大きな社会問題になった自然破壊や公害問題などに端を発し、1970年代に人間環境への地球規模の取り組みがなされた。1992年に開催された「国連環境開発会議（地球サミット）」に日本の時の総理・宮澤喜一氏は欠席をした。日本国民の環境に対する意識変化の場として1990年代後半以降各地に「自然学校」が広がった。自然学校の創設者及び代表者にアンケートを実施し、その中から浮き彫りになった自然学校の特徴である3つの基軸を考察して、自然学校に特徴的な機能と新たな社会的役割の可能性を示し、これからの自然学校が持つべき共通の理念を提示する論文構成を示した。

第1節　研究の背景

1.　日本国内の環境社会の動向

　近年、地球環境の問題や自然環境に対する国民の意識が高まり、オゾン層の破壊、地球温暖化、ダイオキシン、環境ホルモン、気候変動など地球環境の問題に関する多くの用語がメディアから流れるようになり、「持続可能な・サスティナブル・Sustainable」という言葉を至るところで耳にする機会が増えている。日本においての環境問題は、〝公害〟に象徴されるように近代産業の発展に伴って生じる大気汚染、水質汚濁、土壌汚染、騒音、振動などによる健康や生活環境にかかる被害があげられる。歴史を遡れば、明治時代に起こった足尾銅山の鉱毒事件をあげることができるが、いわゆる〝公害〟という言葉で環境社会を国民に意識させたのは1960年代の高度経済成長期に大きな社会問題となった四大公害病である。それは同時に自然破壊の歴史でもあり、各地で自然保護運動も展開された。そして、1971年には公害対策を軸として、内閣公害対策室をはじめ各省の公害や環境関係部署が統合して環境庁が設置されている。その後、公害対策とともに〝自然保護〟の立場から様々な運動が展開され1974年には自然保護憲章が制定されている。しかし、70年代から80年代にかけては公害対策や自然保護対策に対する国民の運動は一部にとどまり、広範な活動の広がりを見せてはいない。

2.　世界の環境社会の動向

　一方国際社会では1972年の国連人間環境会議（ストックホルム会議）で人間環境宣言が出され、1970年代の初め頃から人間環境についての様々な決定をする会議が開かれるようになった。70年代から80年代に開催された環境に関連する主な国際会議は以下のとお

りになる [表1▶1]。

- 1972年12月国連環境計画（UNEP）設立
- 1975年10月国際環境教育ワークショップ（ベオグラード会議）「ベオグラード憲章」
- 1977年10月環境教育政府間会議（トビリシ会議・ソ連）
- 1984年「環境と開発に関する世界委員会「ブロントラント委員会」（委員長がノルウェー首相であるブロントラント女史）」を国連に設置、1987年までに8回の会合を開く。「Our Common Future」（邦題「地球の未来を守るために」）で中心的な概念Sustainable Development「持続可能な開発」が示される。
- オゾン層保護に関して、1985年ウイーン条約、1987年モントリオール議定書
- 気候変動問題に関して、1985年フィラハ（オーストリア）国際会議、1987年ベラジオ（イタリア）国際会議、1988年11月気候変動に関する政府間パネル（IPCC）の設立
- 1988年12月国連総会「人類の現在と将来の世代のための地球規模の気候保護に関する国連決議」、1989年11月大気汚染及び気候変動に関する閣僚会議」（ノルトヴェイク・オランダ）
- 地球温暖化問題に関して、1988年トロントサミット経済宣言、1989年アルシュサミット経済宣言
- 1992年にブラジル・リオデジャネイロで「国連環境開発会議」（「地球サミット」）世界182カ国の政府代表、国際機関、NGOが参加して、環境分野での国際的な取り組みに関する行動計画である「アジェンダ21」を採択した。

　このような動向のきっかけとそれを加速した大きな要因にドイツの事例をあげることができる。ドイツの南部に広がる〝黒い森〟（Schwarzwald・シュバルツバルト）と呼ばれるモミやマツなどの針葉樹を主体とした森林が1970年代から酸性雨や大気汚染が原因で枯

[表1▶1] 環境に関連する主な国際会議の年表（著者作成）

年代	開催年月	海外の動き・会議名（開催場所）	備考・採択・発表された宣言など
1970年代	72年6月	国連人間環境会議「ストックホルム国連環境会議」（スウェーデン）	国連初の環境問題国際会議「人間環境宣言」「環境国際行動計画」
	72年12月	国連環境計画「UNEP：United Nations Environment Program」設立	「人間環境宣言」を推進するために創設された国連機関
	75年10月	国際環境教育ワークショップ「ベオグラード会議」（セルビア・旧ユーゴスラビア）	「ベオグラード憲章」
	77年10月	環境教育政府間会議「トビリシ会議」（グルジア・旧ソ連）	「トビリシ宣言」
1980年代	80年	国際自然保護連合（IUCN）が国連環境計画（UNEP）、世界自然保護基金（WWF）と共同で"世界環境保全戦略"発表	「世界環境保全戦略」
	82年	国連環境計画管理理事会特別会合「ナイロビ会議」（エジプト）	「ナイロビ宣言」「1982年の環境：回顧と展望」
	84年	環境と開発に関する世界委員会発足「ブロントラント委員会」～87年まで8回開催	
	85年3月	UNEPウイーン条約（オゾン層保護）	ウイーン協約（オゾン層保護）
		気候変動に関する科学的知見整理のための国際会議「フィラハ国際会議」（オーストリア）	地球温暖化に関する初めての国際会議
	87年9月	UNEPモントリオール議定書（オゾン層保護）	モントリオール議定書（オゾン層破壊物質規制）
	11月	ベラジオ会議（イタリア）	初めての温暖化防止対策
	11月	環境と開発に関する世界委員会「ブロントラント委員会」が示した「Our Common Future」国連採択	「Our Common Future」（邦題「地球の未来を守るために」）を発表。「持続可能な開発」（Sustainable Development）という中心的概念が示される。
	88年6月	トロントサミット経済宣言	環境の項目で「持続可能な開発」支持を明記
	11月	気候変動に関する政府間パネル（IPCC）の設立。第一回会議（ジュネーブ・スイス）	
	12月	国連総会「人類の現在と将来の世代のための地球規模の気象保護に関する国連決議」	「人類の現在と将来の世代のための地球規模の気象保護」
	89年7月	アルシュサミット経済宣言（フランス）	初めて環境が主要テーマになったサミット
	11月	大気汚染及び気候変動に関する閣僚会議（オランダ）	「ノルトヴェイク宣言」
1990年代	90年	フィンランド・オランダが環境税を導入	
	91年	ノルウェー・スウェーデンが環境税を導入	
	92年	環境と開発に関する国連会議「地球サミット」（ブラジル）	「アジェンダ21」「リオ宣言」「気候変動枠組み条約」「生物多様性条約」「森林保全原則」など採択
	97年	国連持続可能な開発委員会（CSD）設置	
		気候変動枠組み条約第3回締結国会議「COP3／京都会議」（日本）	「京都議定書」
2000年代	02年8月	持続可能な開発に関する世界首脳会議「ヨハネスブルグサミット」（南アフリカ）	「持続可能な開発に関するヨハネスブルグ宣言」
	05年	国連総会「持続可能な開発のための10年」を採択	「持続可能な開発のための教育の10年」
		「持続可能な開発のための教育の10年」国際計画策定	

れ始めたことが環境問題の被害として国際的に知られた。陸続きである大陸の国の環境対策は一国だけで留まらず、国境を超えて広がる大気汚染などの環境問題は地球規模で取り組まなりればない機運を進め、1972年の国連環境計画（UNEP）設立につながっている[1]。

3. 〝環境〟というキーワードと〝自然学校〟

　前々項の日本国内の環境社会の動向で示したように、70年代から80年代にかけて国民の運動は広範な活動の広がりを見せてはいなかったが、1987年に〝環境〟というキーワードで活動をしている関係者が山梨県清里に集まり、後の公益社団法人日本環境教育フォーラムの前身となる「第1回清里フォーラム」が開催された。1990年には日本環境教育学会が設立されている。

　このような動きに参加してきた環境教育や自然学校、環境保護などの関係者の多くが1992年にブラジルで開催された「国連環境開発会議」（「地球サミット」）に参加している。この会議には180を超える国と地域の元首が参加したにもかかわらず、当時日本の首相であった宮澤喜一氏は欠席している。日本から参加した自然学校関係者[2]は「日本人として屈辱的な会議であった」と発言をしている。

　その後、前述の清里フォーラムの会合で、「日本国民の環境意識が低いのは、環境を考え意識する場が不足している」という意見が出され、当時、日本環境教育フォーラム（Japan Environmental Education Forum, 以下JEEFと記す）の専務理事を務めていた岡島[3]が「日本国内に100の自然学校をつくろう」と発言している。その後、JEEFが中心となって1996年にシンポジウム「自然学校宣言」が開催された。このシンポジウムは自然学校を日本国内の社会に定着させた転機ともいえる[4]。同年にJEEFは「自然学校宣言」を発表し「自然の学校」を出版している。そして、1997年には「『自然が先生』全国市民の集い」の開催に至っている。

　このように世界の環境意識から遅れをとっていた日本の環境意識

を改革するために、JEEFが「自然学校」という機能を持った事業体の普及のための運動を推進してきた背景がある。

4. 地域で評価され始めた〝自然学校〟

　日本において〝自然学校〟と呼ばれる事業が普及推進され始めてから、約20数年が経過し徐々にその事業は定着しつつある。自然体験活動を中心に環境教育や野外教育の場を提供してきた自然学校が、20世紀から21世紀へと社会の環境意識も大きく変化してきた中で、その役割を変化させてきた事例を数多く見ることができる。

　西村[5]は、「近い将来、自然学校は『持続可能な社会を築いてくための学習拠点』へとさらなる質的な変化を遂げていくことが望まれているのである。」と期待を示している。自然学校が持続可能な地域づくりの拠点や地域の課題を解決する社会的企業として、地域で小さなビジネスとして評価されるようになった。特に1992年の地球サミット以降の環境意識の広がりから近年の自然学校は、環境問題の課題に取り組む社会的役割を持ったビジネススタイルとしての新しい業態が見えてくるようになっている。

第2節 研究の目的と方法

　本研究では、国内で自然学校と呼ばれる事業体の特徴を整理し、今後、自然学校の事業がより良く展開され、さらに新たに起こす自然学校事業が社会的企業として環境社会に役立つための共通の理念を示す。本研究で明らかにする自然学校が持つあるべき指針と特徴的な機能を提示し、自然学校が社会的企業として新たな役割の可能性を示すことを目的とする。

　そのために国内の自然学校を取り巻く社会的動向、特に環境に関連する社会の変化とともに発生して広がった自然学校の変遷や実態

を調査し、自然学校の特徴を整理するための観点を示す。自然学校の特徴を考察するために全国に点在する自然学校の創設者・代表者にアンケート及びインタビュー調査を行い、調査から得られた回答から自然学校の特徴と新たな役割を考察する。

第3節 論文の構成

1. 全体構成

「環境社会の変化と自然学校の役割」を明らかにするために、全9章の構成で論じる。それぞれの章の内容は以下のとおりである。

第1章では、研究の背景、研究の目的と方法、論文の構成を示す。

第2章では、自然学校関連の先行研究から自然学校の定義を明確化する。現在の国内の自然学校の実態を探り、その発生から広がりの変遷を明らかにする。これまでに環境庁などが行った自然学校全国調査の結果などから、自然学校の特徴を整理する観点を示す。

第3章では、自然学校の発生と広がりに影響を与えたと考えられる社会背景として環境社会の変化を示す。公害教育、自然保護教育、そして環境教育が取り組んできた環境社会の変化、持続可能な社会へ向けた教育—ESD[6]と自然学校の関係を示す。自然学校を取り巻く環境社会の変化からも自然学校の特徴を整理する観点を示す。

第4章では、第1章、第2章、第3章から整理された自然学校の特徴を考察するために、全国の自然学校の創設者や経営者にアンケート調査及びインタビューを行う。得られた回答から自然学校の特徴を考察する。第4章のアンケート調査及びインタビューから自然学校の特徴として示した3つの特徴をそれぞれ第5章、第6章、第7章で考察する。自然学校が新たな役割を担うための「基軸」としてその構成要素を考察する。

第8章では、第5章・第6章・第7章の考察の結果から、本研究

の目的である環境社会や地域の中で自然学校が担う新たな役割の可能性を示す。

第9章で今後の課題と展望を提示する。

2. 3つの章における自然学校の3つの基軸の考察

第5章は、自然学校の教育力の特徴、学びの方法、人材育成の特徴を示す。自然学校の歴史的な背景と時代ごとの教育的役割を考察する。

第6章は、自然学校の社会関係資本の活用の特徴を考察する。自然学校が様々な方法でつながる役割を担うことで新たな事業を生む可能性が考えられる。このことから、自然学校の特徴の2つ目の社会関係資本の活かし方を考察する。

第7章では、3つ目にあげる自然学校の社会的課題解決の取り組みを考察する。環境社会の変化とともに、社会や地域に生まれた様々な課題へ対して、自然学校がどのような取り組みをしてきたのか示し、自然学校のどのような特徴が社会の課題を解決することに有効なのか考察する。

3. まとめと最終章

第8章は、自然学校の特徴を整理するためにあげた観点について調査・考察し自然学校が目指すべき方向性を考察する。この考察から導きだされた自然学校の機能と役割の可能性を示し、これからの自然学校が持つべき共通の理念を提示する。

第9章は今後の課題と展望を示す。環境社会の変化とともに自然学校の事業の形態も多様化し、その役割も変化してきたことから生まれた課題を示す。まだ未成熟な業態であり事業経営の研究も併せて研究の展望を示す。

(注)

1) NHK取材班『森が危ない』, 200頁（日本放送出版協会, 1986年）
2) 1993年清里ミーティングにて、K自然学校S氏
3) 岡島成行：前社団法人日本環境教育フォーラム理事長、前自然体験活動推進協議会代表理事、読売新聞社記者を経て、青森大学教授、大妻女子大学教授を歴任し、現在学校法人青森山田学園理事長。
4) 社団法人日本環境教育フォーラム『日本型環境教育の知恵』, 44頁（小学館, 2008年）
5) 西村仁志『日本における「自然学校」の動向―持続可能な社会を築いていくための学習拠点へ』同志社政策研究8巻2号, 31頁（2006年）
6) ESD：Education for Sustainable Development 持続可能な開発のための教育

第2章 自然学校とは

過去に行われた自然学校全国調査から、各地で展開している「日本の自然学校」の定義、歴史的な背景から発生と広がりを整理し、本研究における「自然学校」の定義を示した。80年代に生まれた自然学校は時代を追って変化し、2000年以降はその形態も多様化し様々な事業化が試みられ、多彩な類型例が見られてきた。時代を追って変化してきた自然学校の特徴を示した。

第1節 はじめに

　この章では、自然学校の定義、自然学校の歴史的な背景と発生と広がりを整理する。

　自然学校の定義を論ずる前に、ここで呼ぶ「学校」の定義を整理しておきたい。本研究の対象としている「自然学校」は、多くの一般市民が思い浮かべる「小学校」や「中学校」とは異なる学校である。「自然学校」は、国が定める「学校教育法」で定義する"学校"と実態を異にする事業体として存在していることを前提にしている。

　従って、ここで「自然学校」と呼ぶ事業体の「学校」は、「学ぶ場」という意味を持った概念である。「公の学校」と同じ意味で何らかの知識や技術を学んだり、身につけたりする「学ぶ」「成長する」「育成する」「行動が変容する」「人材の育成」「人づくり」という教育の機能を持っているところは共通な事項でもある。

第2節 自然学校の定義

1. 自然学校の定義の試み

　自然学校に関する先行研究は決して多いとはいえない。自然学校と公の学校の社会的な役割の関係性と連携の可能性は、国内の自然学校の現状に関する先行研究や自然学校が取り組む青少年教育に関連する調査報告や関連書籍から考察することができる。自然学校の定義をはじめ、自然学校の発生と発展の歴史的背景を読み取り、自然学校が取り組む〝教育〟の社会的評価などに関連する事項を明らかにする必要がある。

　自然学校の定義に関しては、西村[1]は、2006年に「自然学校は未だに一般に定着した言葉や概念ではなく、自然学校について明確な

定義や解説がなされたものはまだ多くない」とし、国内で展開されている自然学校の概念や現状の整理を試みている。広義の定義では、2002年（平成14年）に環境省が行った全国調査において、自然体験活動の受入主体となる施設や組織を特に「自然学校」と呼び、自然体験活動は、野外での体験活動全般を指し、キャンプ、ハイキングはもとより、農業体験・漁業体験などの体験活動、田舎暮らしなどの生活体験も含めた、野外で自然と関わることであれば全ての活動を含むとしている。その上で「場」「プログラム」「指導者」を年間通じて提供できる施設や団体と説明している。

2.　自然学校の様々な定義

　自然学校の定義の一つに社団法人（現公益社団法人）日本環境教育フォーラム（JEEF）内の専門委員会である「自然学校センター」において、2002年に実施した自然学校全国調査（第3回）での定義がある。さらに2005年に定義の改訂を行っている。さらに、JEEFに設置した全国調査の諮問会議及び、「これからの日本を考える会」[※]の討議を経て、自然学校に関する定義の再構築を行い、2010年7月に確定した定義がある（P.28参照　※自然学校代表者たちを主な構成員とする任意の会議）。

■第3回自然学校全国調査の際の定義（2002年）
① 年間を通じて自然体験プログラムを提供している
② 施設やフィールドなどの活動の場を持っている
③ 常駐の専門の職員・指導者がいる

■自然学校の定義の改訂（2005年）
　具体的に自然学校に必要な6つの機能（4P＋2S）を以下のようにあげている。

①場:年間を通して様々なプログラムを実施するために必要な施設やフィールドがある。
②人:プログラムの実施や企画、運営、安全管理や人材養成、経理・財務などを行うためにマネージャー、ディレクター、インストラクターの3つの役割(職務)を担う専門性を持った人材がいる。
③プログラム:フィールドや場、または対象者に応じて、通年で実施する環境教育をねらいとした様々な活動がある。
④プロデュース:社会との関係性を持ち、公益に資する自然学校のミッションと、それを具現化するビジョンを持ち、組織運営していくための仕組みを制作する。
⑤安全性:プログラム実施上の安全管理はもとより、自然学校組織を健全に維持・運営するために必要なあらゆるリスクに対する安全管理と危機管理システムが構築されている。
⑥システム:上記①~⑤を総合的にマネジメントし、社会的信用を得て健全に運営できるための機能(組織)を持つ。

以上の項目をあげ自然学校に必要な6つの項目として定義している。

3. 研究における自然学校の定義

自然学校が取り組んできた領域は、「教育」「自立支援」「療育」「地域振興」「観光」「環境政策」「地域コミュニティ支援」など公教育とは異なり多岐にわたっている。多くの自然学校が〝学校〟という役割として関わる〝教育〟の領域から発生している。その他に、岡村ら[2]は、「自然学校と地域社会のつながり」の研究の中で「自然学校とは、民間野外教育事業団体が経営し、自然環境の豊かな地域社会の中に入り込み、自然体験の『場』『指導者』『プログラム』を提供する、独立自営型の組織体として、地域社会との関係を持つ」という定義を示している。

本研究においては、自然学校が持つ役割の特徴が「公の教育と異なった教育の領域である」ことと「学校外の地域との関係性の中にある」という点に着目し、自然学校は「教育の課題」と「地域の課題」の2つの領域に関わっている事業体とする。

　本研究では、以上のような定義を示しつつ、研究の具体的な調査対象としての「自然学校」を次のように規定した。

　「自然学校」は、自然学校・自然学舎・自然楽校・自然塾・自然体験などという名称を持つ事業組織であり、そして事業内容が体験を通した環境教育・野外教育・自然教育・冒険教育・農林水産体験・暮らし体験・ESDなど環境や教育に関わる領域で、さらに地域に何らかの関係性を有する事業体を指す。

第3節 自然学校の発生と広がり

1. 青少年教育や自然観察

　自然学校には様々な運営形態を見ることができる。自然学校の運営主体、運営方法も多岐にわたり、それらの発生や発展の歴史に関しては諸説ある。西村[3)]は、国内の最初の自然学校は、大正・昭和初期のYMCA・ボーイスカウトによる青少年教育キャンプにその発生を見ることができると指摘し、戦後はこれらの民間団体の他に国の政策で設置された「国立青年の家」「国立少年自然の家」に続き都道府県、市町村で設置する「公立少年自然の家」をあげ、1980年代前半までは、活動領域も青少年教育や自然観察の範囲までにとどまっていたとしている。

　西村は、さらに80年代が自然学校のムーブメントの始まりとしている。それは日本国内で自然学校の黎明期を築いた代表的な自然学校の創設年表[表2▶3]から読み取ることができる。

[表2▶3] 主な日本の自然学校の創設時期と国内の背景（著者作成）

年代	年・国内の背景・主な出来事	年・自然学校の創設時期・事業開始時期
1970年代	71 環境庁発足 72 国立少年自然の家設置開始 74 自然保護憲章 75 有吉佐和子『複合汚染』出版	75 日本テレビクスクスクール事業開始（東京都） 76 ヤックス少年団（99年改名ヤックス自然学校）（千葉県）
1980年代	80 ラムサール条約に加盟、ワシントン条約に加盟 87 第1回清里フォーラム （後の日本環境教育フォーラムの発足につながる）	81 日本児童野外活動研究所設立（東京都） 82 動物農場（後のホールアース自然学校）開設（静岡県） 82 ガキ大将スクール　アドベンチャー集団DO!事業開始（群馬県） 83 国際自然大学校設立（東京都）、財団法人キープ協会が自然教育活動を開始（山梨県） 86 野外教育研究所（IOE）発足（熊本県） 87 くすの木自然館事業開始（鹿児島県） 89 野外教育事業所ワンパク大学設立（東京都）
1990年代	90 日本環境教育学会発足 92 日本環境教育フォーラム発足 93 環境基本法制定 95 阪神・淡路大震災 96 中教審「生きる力」 96 シンポジウム「自然学校宣言」 96 環境庁「地球環境パートナーシッププラザ」開設 96 建設省「水辺の楽校プロジェクト」開始 97「自然が先生全国市民の集い」 97 環境庁「自然大好きクラブ」事業開始 97 文部省「エコスクール事業」開始 97 日本野外教育学会設立 97 気候変動枠組み条約第3回締結国会議（COP3／京都会議）「京都議定書」 98 NPO法制定 98 総合的な学習の時間設置 99 環境庁「子どもパークレンジャー事業」開始 99 文部省「全国子どもプラン」子ども長期自然体験村	92 ねおす発足（北海道） 93 グリーンウッド遊学センター開校（長野県） （02年改名グリーウッド自然体験教育センター） 95 自然体験学校「WARERA元気倶楽部」発足（福島県）（99年あぶくま自然大学に改名） 96 くりこま高原自然学校開校（宮城県） 97 岩木山自然学校設立（青森県） 98 黒松内ぶなの森自然学校（北海道・ねおすが運営） 98 HONDAハローウッズ開設（栃木県） 99 サンゴとブロッコリーの森自然学校開校（沖縄県）
2000年代	00 自然体験活動推進協議会（CONE）設立 00 川に学ぶ体験活動協議会（RAC）設立 00 環境庁が環境省へ 01 ヨハネスブルグ・サミット提言フォーラム設立 02 総合的な学習の時間全面実施 04 中越地震 05 愛知万博（愛・地球博） 06 海に学ぶ体験活動協議会（CNAC） 07 中越沖地震 08 生物多様性基本法成立 08 岩手・宮城内陸地震	00 湘南自然学校開設（神奈川県） 01 森と風のがっこう開校（岩手県） 03 白神一ツ森自然学校開校（青森県） 03 田歌舎設立（京都府） 04 よみたん自然学校開校（沖縄県） 05 五ヶ瀬自然学校開校（宮崎県） 05 トヨタ白川郷自然學校（岐阜県） 07 ガイア自然学校（石川県） 07 九重ふるさと自然学校開校（大分県） 07 南魚沼やまとくらしの学校開校（新潟県）
2010	11 シンポジウム「自然学校宣言Ⅱ」 11 東日本大震災	12 三陸ひとつなぎ自然学校

2. 公害問題と地球環境問題

　1950〜60年代の「公害問題」、1970〜80年代の「地球環境問題」の顕在化から「環境教育」の重要性が認識され、1987年に開催された「清里フォーラム」において自然体験を中心とした環境教育のネットワークづくりが始まった。その後このネットワークがJEEFとして組織され90年代の様々な環境教育、自然学校のムーブメントを先導してきた。

　前章でも触れたように「清里フォーラム」から始まったネットワークのつながりから、JEEFの中心で活動している関係者の呼びかけで1996年2月に各省庁の協力を得て「自然学校宣言」、1997年に「『自然が先生』全国市民の集い」が開催された。同年の中央教育審議会の答申で、これからの教育は、子どもたちの『生きる力』を育むことが重要とされ、国の教育政策の中で生活体験や自然体験の機会の充実が提言されている。

3. 「生きる力」を育む教育の機会を担った自然学校

　文部省は、1996年に中央教育審議会第一次答申で示された「生きる力」を育むためには「生活体験や自然体験などの実際の体験活動の機会を広げていくことが望まれる」[4]とし、後の1999年に「全国子どもプラン」で、2週間以上の自然体験を実施する「長期子ども自然体験村」を全国各地に委嘱事業として展開した。この事業は、地域の教育関係者で構成する実行委員会に委託された。この事業の実行委員会の中心的な役割を担ったのが、各地の「自然学校」であり、また、これを機会に事業化して生まれた自然学校もある。翌2000年には、広く自然体験活動の普及に貢献できる仕組みを全国の青少年活動や自然学校の関係者が関わって議論、検討をして「自然体験活動推進協議会：CONE（Council of Nature Experience）」が設立された。このように90年代後半には自然体験活動の場を提供

する自然学校の役割も急速に広がりを見せている。

降旗[5]は、自然学校の成立と90年代の発展に注目して、「自然体験学習の実践の中で、自然学校の特徴として、教育、環境、地域振興、河川、農林水産、福祉、海外支援といった多様な行政組織と連携し、さらに民間企業との連携に積極的であること、自然学校を成立させた社会的背景として青少年の状況の変化、新たな学習方法や指導者としての力量が求められる専門家集団が必要とされるようになった」ことを指摘している。

第4節 自然学校全国調査から見えてくるもの

1. 自然学校全国調査報告

1996年に開催された「第1回自然学校宣言シンポジウム」では、76校の自然学校の存在と活動が報告されている。国内の自然学校の実態を把握するために1999年の第1回の自然学校全国調査は文部省が実施主体として実施された。その後、これまでに5回の「自然学校全国調査」が行われた。5回の調査は、毎回、調査主体や対象数に違いがあるが、前述したJEEFに関連している自然学校関係者が中心になって継続して調査している。国内における自然学校の実態を俯瞰できるデータとして貴重である。

2002年（第3回）の調査では12省庁（当時）と47都道府県、及び、全国的な環境教育、野外教育団体の協力を得て、約4,600団体を対象にアンケートを実施し、2,350団体の回答が得られた。回答団体の過半数が公的な青少年教育機関や交流団体及び、非専業的なボランティア団体で、結果もそれを反映したものとなった。直近では、2010年の調査で3,696校の自然学校が稼働中と算出された。過去の調査の団体リストには依存せず、改めて全ての対象団体の洗い出しを行った。その結果、従来の各種ネットワークには接点のない団

体が多く回答を寄せた。

　全国の都道府県からノミネートされた約1万件の団体のうち、体験活動を継続的に実施していても、行政機関は除き、ビジターセンター、博物館、図書館など来訪者へのインタープリテーションが行われていてもイベント的な単発実施の施設も除いている。また、ホテル、観光施設などで継続的に集客手段として取り組まれている活動も専門団体に委託している場合はその団体を対象として調査している。

2.　第5回自然学校全国調査報告から

　最も新しい調査であった第5回は、2010年から調査し2011年に報告された。その際の「自然学校の定義」は以下のとおりある。

① 【理念・意義】活動を通して「人と自然」「人と人」「人と社会」を深くつなげ、自然と人間が共生する持続可能な社会づくりに貢献していること。
② 【活動】自然体験活動または、地域の生活文化に関わる地域づくり活動その他の教育的な体験活動を、専門家の指導の下で組織的に安全に楽しく実施していること。
③ 【組織形態】責任者、指導者、連絡先住所、活動プログラム、活動場所、参加者を有していること。

※上記の要件を満たす組織活動の例として『学童クラブ、エコツアーガイド、森のようちえん、田んぼの学校、ビジターセンター』など、『自然学校』という名称を日頃使っていない場合も自然学校の活動とする。
「自然体験活動」については、野外で自然と関わる体験的な教育活動全般を指す。自然体験活動を、組織的、継続的に参加者を得て行っている場合は自然学校とする。「地域の生活文化に関わる地域づくり活動」は、地域の生活文化や伝統的な生業の保全に有益な取り組みを指し、このような地域づくり活動を、組織的、継続的に参加者を得て行っている場合は自然学校とする。

[表2▶4] 自然学校全国調査の経緯

調査回 調査年	実施主体	実施団体	対象	調査回答数
第1回 1999年	文部省（当時）	野外教育プログラム研究会	主に民間の野外教育団体	62
第2回 2001年	（社）日本環境教育フォーラム	ホールアース自然学校	主に民間のプロ団体	299
第3回 2002年	環境省 （社）日本環境教育フォーラム	ホールアース自然学校	主に官公庁関連・公的団体	2350
第4回 2006年	（社）日本環境教育フォーラム	ホールアース自然学校	主に民間の団体	494
第5回 2010年	（社）日本環境教育フォーラム	日本エコツーリズムセンター 日能研	全国47都道府県の官・民自然体験活動、地域交流活動団体	735

自然学校全国調査2010報告書、3頁をもとに著者作成

3. 自然学校全国調査から示された特徴的な事項

　これまでに5回実施された自然学校全国調査で調査実施の中心的な役割を担ってきた広瀬[6]を中心とする調査委員会が調査結果を分析し、以下のように6つの傾向と特徴を報告している。

（その1） 80年から発生した自然学校の「黎明期」は、90年代に入り「ネットワーク形成期」となり、90年代半ばには「自然学校認知期」、そして2000年に入り「社会的企業期」と定義し、〝コラボ期〟〝地域の小さな産業期〟〝各種ネットワーク連携期〟と2005年以降多様化し、社会のニーズに応じて進化してきた自然学校の実態を示している［図2▶4-1］。

（その2） 近年は、衰えつつある地域の新たな担い手を育成し、小さな産業を創出している特徴を示した。

（その3） 自然学校は誰とでもつながることを指摘。異分野とのコラボ、コンソーシアムの展開の事例をあげ、特定の業態がない特徴を指摘している。

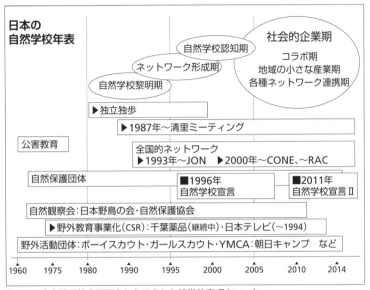

[図2▶4-1] 自然学校全国調査から示された特徴的事項(その1)

自然学校全国調査2010報告書、広瀬(2011)に著者が加筆作図

(その4)自然学校の強みを指摘。自然体験活動という本業に加え、社会課題への取り組みと貢献をあげている。それを可能にしている項目として、自然学校が持つ6つの強みをあげている。

①野外生活技術の専門家である。
②高いコミュニケーション力がある。
③機動力がある自分のチームをつくる力がある。
④参加体験型プログラムをつくる力がある。
⑤全国のネットワークを持っている。
⑥社会的企業＝社会的活動が目的である。

(その5)社会に広がる自然学校の多彩な類型例を示している[図2▶4-2]。

「ネットワーク活用タイプ」

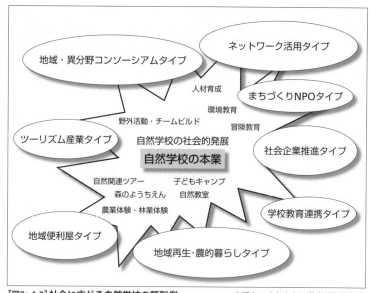

[図2▶4-2] 社会に広がる自然学校の類型例　　広瀬 (2013) をもとに著者が加筆作図

「地域再生・農的暮らしタイプ」

「社会企業推進タイプ」

「地域・異分野コンソーシアムタイプ」

「まちづくりNPOタイプ」

「学校教育連携タイプ」

「ツーリズム産業タイプ」

「地域便利屋タイプ」

など多彩な展開の可能性を示唆している

(その6) 地域密着型自然学校の機能として、地域を再生する自然学校を指摘し、次のような自然学校が持つ機能の有効性を指摘している。

　①調査研究機能：観光交流資源、自然環境資源、生活文化資源

の掘り起こし。

②人材発掘・育成機能：地域の有能な人材を活かし、地域外からも導入育成する。

③インタープリテーション・ガイド機能：来訪者への専門的な情報・魅力提供、発信

④地域の教育力向上機能：学校、地域と連携して地域教育の推進役となる。

⑤地域再生機能：地域の農林漁業作業支援・ボランティア投入、クリーンアップ。

⑥地域コーディネート機能：人と人、人と地域、地域外とをつなぐ。

⑦災害救援機能：全国のネットワークを活かし迅速なレスキューと支援体制

　自然学校全国調査から、以上6つの項目に関しての分析報告が得られた。80年代から徐々に自然学校の活動が生まれ、時代の変化に対応しながら広がりと発展を遂げてきたことは、この調査によっても俯瞰できる。特に回を追って地域づくりや地域振興、第一次産業と関わる事業領域を持つ自然学校が増加しているという傾向も明らかになっている。地域に根ざした事業体としての可能性を示しているといえる。

第5節　まとめ

　自然学校に関する先行研究は決して多くない。自然学校の定義に関しても未だに一般に定着した言葉や概念ではなく、自然学校について明確な定義や解説がなされたものはまだ多くない。過去に行われた自然学校全国調査によって徐々に自然学校の実態が明らかになりつつある。自然学校全国調査から〝自然学校〟の特徴や強み、社

会への広がりが示され、自然学校が取り組み始めている新たな役割がわかる。地域の新たな担い手を育成し小さな産業を創出したり、異分野と連携した事業を展開するなど、自然学校の多彩な類型例も見られた。

　以上の様に80年代に生まれた自然学校は時代を追って事業を変化させてきた。2000年以降はその形態も多様化し様々な事業化が試みられてきた。そして、近年は自然学校が社会的企業としての役割を担い始めている。

　このことから、自然学校の特徴を見る観点として以下の3点をあげることができる。

① 自然学校は体験的な教育活動を行っている。体験を教育の方法に取り入れる特徴がありそれを活かした教育がある。
② 自然学校の活動には「人と自然」「人と人」「人と社会」を深く〝つなげる〟ということをあげられる事例がある。この〝つなげる〟ということには、社会関係資本を活かしている。
③ 自然学校は自然体験活動という本業に加え、社会課題への取り組みと貢献を活動としてあげている。社会や地域の課題を見つけそれを解決する特徴がある。

　以上、自然学校の特徴を整理する観点をあげたが、これらは時代を追って変化している。「①教育」が事業の主軸として発生したのが自然学校であったが、時代を追って、「②〝つなげる〟」という社会関係資本を活かす特徴が現れ、近年では「③課題を解決する」という観点もあげられる。

(注)

1) 西村仁志「日本における「自然学校」の動向─持続可能な社会を築いていくための学習拠点へ─」同志社政策研究8巻2号, 32頁(2006年)
2) 岡村泰斗・佐々木豊志・豊留雄二・中松文子「自然学校と地域のつながり」奈良教育大学(2005)
3) 西村仁志「日本における「自然学校」の動向─持続可能な社会を築いていくための学習拠点へ─」同志社政策研究8巻2号, 37-38頁(2006年)
4) 青少年の野外教育の振興に関する調査研究者会議『青少年の野外教育の充実について(報告)』, 2-3頁(1996年)
5) 降旗信一『自然体験学習実践における青少年教育の現状と課題─自然学校の成立と発展に注目して─』自然体験学習の成立と発展, 32-40頁(2012年)
6) 広瀬敏通(ひろせとしみち)、1950年東京生まれ。学生時代からアジアに渡りカンボジアで難民支援の国際協力活動に取り組んだ後、帰国後富士山のふもとの「動物農場」で自給自足の生活を始め、動物農場を母体に環境教育の草分け的存在である「ホールアース自然学校」を設立。ヤギ、羊、馬、牛などの家畜動物とのふれあい、ロッククライミング、洞窟探検などを通じて、自然とのつきあい方＝「自然語」を伝えている。日本エコツーリズムセンター、RQ市民災害救援センターなど、その時代の動向の中で、課題を解決する様々な運動体を設立してきた。著作に『自然語で話そう～ホールアース自然学校の12ヵ月』(小学館、1999年)、『災害を生き抜く　災害大国ニッポンの未来をつくる』(みくに出版, 2014年)

第3章

環境社会の変化

第2章で示した、「自然学校」の多様な役割の変化や広がりは、世界及び国内の環境社会の変化によるところが大きい。さらに環境社会だけでなく教育を取り巻く社会の変化も見逃せない。この章では、歴史を追って変化してきた自然学校を取り巻く社会課題を考察した。

第1節 はじめに

　前章では、自然学校の定義、発生と広がりなどこれまでの自然学校について述べた。1980年代に初期の自然学校が生まれ変化してきたが、自然学校が生まれた背景は環境社会の変化によるところに大きく影響を受け、さらにその広がりに影響を及ぼしてきた要因も環境社会の変化にあると考えている。この章では、環境社会の変化を整理することで、自然学校に求められてきた役割の変化を考察する。

第2節 公害から環境社会への変化

1. 沈黙の春

　80年代は、環境を議題とする国際会議が数多く開かれ、環境を配慮した環境社会へ世界の意識が変化した時代といえる。そしてその後、様々な環境社会へ取り組みが加速してきた。その転換のきっかけになった一つに、歴史を遡ると1962年にアメリカで出版された「沈黙の春（Silent Spring）」をあげることができる。

　「沈黙の春」は、人類の経済活動が自然を破壊していることに警告を発した先駆的な書として、その後の環境社会の取り組みに大きな影響を及ぼしている。著者のレイチェル・カーソン（Rachel Carson）は大学で動物学を学び、ウッズホール海洋生物研究所[1]での研究活動を経て、合衆国商務省漁業水産局に勤めて政府刊行物の編集に従事し、野生動物とその保護に関する情報収集、執筆をし、生物ジャーナリストとしても評価されている。カーソンは、当時の農薬に含まれるDDTやパラチオンなどや、その他の数多くの化学物質が地球上の全生物にとって問題が多い影響を及ぼしていること

を多くの実証データに基づいて警告している。農薬が引き起こす事態を、自然の循環の中で水・土壌・植物、昆虫、鳥へと全てに連鎖して起こる汚染として指摘している。

2. 足尾銅山・公害病

　日本での公害問題は、明治に起こった足尾銅山の鉱毒事件[2]から始まり、戦後の高度経済成長の中で1950年代後半から70年代に顕在化し大きな社会問題の一つであった。その後の日本の公害対策の取り組みは世界的にも評価されている。1958年には、工場の排水を規制する「水質保全法」「工場廃水規制法」が制定され、1962年には「ばい煙規制法」が制定されたが実効性は乏しく、1967年に本格的な「公害対策基本法」が制定された。70年に「水質汚濁防止法」など公害関連法案の整備が行われ、71年には公害対策を軸として、内閣公害対策室をはじめ各省の公害や環境関係部署が統合して環境庁を設置するなど本格的に国が対策に取り組んだ。

　公害病として顕在化した水俣病[3]やイタイイタイ病[4]などは、海や川へ流れた汚染物質が人間へと汚染の発生源からつながって循環している自然を意識させた。公害という人間の健康や生命を脅かす問題を、自然環境という循環やつながりから取り組む展開へと進むことになった。我が国が公害の問題を関連する法律と規制される側の企業の努力によって克服したことを「激しい公害問題を短期間で克服しながらも企業経営及び経済全体に対して深刻な影響を生じなかったことが『日本のもう一つの奇跡』と評されている。」と1992年6月の「地球サミット」開催直前の4月に発刊された環境白書（総説第2章,第3節,2企業の努力とその成果）には記されている。我が国が公害を克服し、途上国の実情を踏まえて地球の利益を守るという今後の環境行政の方向を示している。

3. 環境問題の複合化

　「沈黙の春」や「日本の公害病」に続き、世界の環境意識が転換したきっかけに、前章の背景でも指摘したドイツの南部に広がる〝黒い森〟(Schwarzwald・シュバルツバルト) がある。モミやマツなどの針葉樹を主体とした森林が1970年代から酸性雨や大気汚染を原因に枯れ始めたことが環境問題の被害として国際的に知られたことが、世界の環境意識の転換に大きな影響を与えた。

　このように、人類の活動によってつくりだされる化学物質によって、公害、そして公害病が引き起こされて人の健康と命までもが脅かされる事態と、目に見えて自然環境が破壊される事態が、国境を越え進行してきた。

　今日の環境問題、自然破壊は、人間の様々な経済活動によって引き起こされていて、自然界へのダメージは複雑化している。さらに、2011年3月11日の東日本大震災によって発生した福島第一原発事故よる放射能汚染の問題では、自然界への影響だけにとどまらず、人間の健康や生命の核である遺伝子へダメージを与える事態まで広がり、今日の環境問題は複雑化し複合化している。

 持続可能な社会へ向けた教育～ESD～

1. 持続可能な開発

　これまでの社会の変化から、未来へ向けて環境社会を意識する概念を表す言葉として「Sustainable Development持続可能な開発」を第1章で示した。この概念は、1984年に国連に設置された「環境と開発に関する世界委員会」で議論を重ね、1987年に出された「Our Common Future」(邦題「地球の未来を守るために」) で中心的な考え方として取り上げられた概念である。このSustainable

Development「持続可能な開発」は人類が地球環境に及ぼした危機的な事態を一国だけの問題ではなく、国境を越えて地球の全体の問題として、地球環境や自然環境に対するその後の国際的な取り組みの旗印になっている。

1992年にブラジル・リオデジャネイロで開催された「環境と開発に関する国連会議（地球サミット）」から、20余年が経過した今、中国では急速な経済成長に伴う大気汚染が大きな社会問題になっている。国境を越えてくる大気汚染は隣国である韓国、日本の大気にも影響を及ぼしている。数年前から、日本のメディアでも中国から飛来する「PM2.5」と呼ばれる、直径 $2.5\mu m$（$1\mu m = 1mm$の千分の1）以下の微小粒子状物質が健康に及ぼす影響と日本への飛散情況の報道が行われ耳にした国民は少なくない。深刻化する中国の大気汚染問題に対して、日本の公害対策の経験と技術を中国大気汚染対策へ活かす取り組みも行われている。

2. 地球サミット

日本国内でも環境意識が高い環境教育関係者をはじめ、環境NGOやNPO、そして自然学校の関係者の多くが、92年に開催された「地球サミット」に参加している。地球環境の問題を初めて全地球規模で開催する環境サミットだったこの会議には、「地球サミット」[5]の名のとおり、世界中のほとんどの国（約180カ国）が参加した。約100カ国の元首・首脳に加え、約10,000人に及ぶ政府代表団が出席したといわれ、史上空前の大会議となった。また、この会議と並行して行われた様々なNGOの会合には、我が国を含め世界中より、約24,000名の代表が参加したといわれている。アメリカ合衆国のブッシュ、英国のメイジャー、フランスのミッテラン、中国の李鵬など、ほとんどの元首・首脳が参加したが、当時の日本の宮澤首相は参加をしていなかった。

世界が、地球環境問題に対して一つになって取り組む気運の中、

日本の首相が参加しなかった事実に、地球サミットに参加した環境関係者は落胆したという。その年の11月、前述の清里フォーラムの会合で、「日本国民の環境意識が低いのは、環境を考えたり意識したりする場が不足しているからだ。」という意見が出されている。第1章、第1節、3項でも触れたように「日本国内に100の自然学校をつくろう」と提案がされ、JEEFが中心となって、日本人がもっと身近に環境を考えられる場や機会として「自然学校」を普及させようとういう気運が広がり、その後、自然学校運動が始まった。1996年にシンポジウム「自然学校宣言」が開催された。このシンポジウムは自然学校を社会に定着させた転機ともいえる。

　1998年春に環境パートナーシップオフィス（EPO）[6]は、米国バーモント州に拠点を置く市民団体Institute for Sustainable Community（ISC）から、日米共同事業についての提案を受けて交流事業を実施した。この事業では、当時二大消費国として地球環境に大きな負荷を与え続けている日本とアメリカの二国の市民団体が、持続可能な社会の構想と創出を目的として、具体的な地域に根ざして環境学習に携わるグループとして対話と交流を行った。この事業は「持続可能な社会のための教育についての日米協働事業～環境教育についての日米対話～」という持続可能な社会を担う市民のための教育はどのようなものであるか、そして、市民・事業者・行政機関がそれぞれどのような役割を担い、どのようにパートナーシップを組むべきかなどについて、相互に学び合おうという目的で行われた。1998年秋には、日本から、自然学校、環境NPOや水俣市で活動する市民グループなど9人が訪米し、1999年3月にはアメリカから8人が来日している。それぞれ日米の各地をまわりながら、対話と交流の機会を持った。

　この交流事業に関わった川村[7]は、報告書の中で次のように述べている。

　　教育が、産業・環境・生活をつなげている実例は、シェルバ

ンファームというNPOが経営する農場で見ることができる。シェルバンファームでは、周辺地域住民の野外活動に対する興味や需要の高まりを受けて、教育関係者の協力のもとに、子どもたちが農園体験できる「フィールドトリップ」を開始。冬は雪の中で探偵ごっこ、春は堆肥をまいて土づくりや種まき、夏はアップルサイダーづくりのセットは人気プログラムで、多くの学校が参加しました。農業はバーモント州の重要な産業ですが、従事者が減少しています。その原因の一つには、農業と生活と環境とがつながっていないことがあると気づき、環境教育プログラムに農業や生活とつながる要素を取り入れています。フィールドトリップも、特定の農場でしかできないものではなく、他の地域で教育を実践する人が地域資源を用いて活動できるよう、ワークショップを開催しガイドブックを作成しました。さらに、シェルバンファームの環境教育プログラムは、バーモント州の普通教育の教育課程に取り入れられていて、学校との結びつきも強いとのことです。

このように、地球サミット以降に環境教育に関する関心が高まり、90年代後半からは徐々にではあるが、様々な取り組みの情報が流れ始めている。教育が、産業・環境・生活をつなげているという観点が興味深い事例と見ることができる。シェルバンファームというNPOが経営する農場が地域だけではなく公の学校とも連携しているところにもあたらな役割を見ることができる。

3. 地域や社会にある課題を解決する教育

1992年ブラジルで開催された「地球サミット」から10年を機に2002年に南アフリカ・ヨハネスブルグで「持続可能な開発に関する世界首脳会議」が開催された。10年前のブラジルでの地球サミットに当時の宮澤首相が欠席をして評価をされなかったことを受け、

2002年は日本として責任を果たすために、環境NGO・NPOや自然学校など環境教育に関する活動をしている団体が動いた。地球環境パートナーシッププラザで、2001年8月よりヨハネスブルグサミットへ向けて、様々な主体の交流を促進するために、NGO・NPO等の意見交換会を開催している。その参加者有志で、「ヨハネスブルグサミット提言フォーラム」が、2001年11月12日に設立され、2002年の「持続可能な開発に関する世界首脳会議」へ向けて提言をするための議論を重ねた。そしてこの会議で日本から「ESDの10年」を提案している。

　ESDは、Education for Sustainable Developmentの頭文字をとった略称で、持続可能な開発・社会をつくるための教育を世界中で10年間にわたって取り組みましょうという提案で、会議の実施文書に盛り込まれた。その年の12月の第57回国連総会本会議で「ESDの10年」が採択された。その後、ユネスコの「国連持続可能な開発のための教育の10年実施計画」の草案が作成され、2005年10月に「ESDの10年国際実施計画2005〜2014」が発表され実施されている。

　教育が、産業・環境・生活をつなげている実例を、前述のシェルバンファームというNPOが経営する農場で見ることができる。シェルバンファームのような場や組織には自然学校に共通する点があり、自然学校が取り組む教育が暮らしや生業に直結して、地域や社会にある課題を解決する。そのための教育がESDであるといえる。

 体験教育の課題の変化

1.　「経験主義教育」の論争

　本章は、環境社会の変化を論じているが、ここで、環境社会の変化だけではなく、教育を取り巻く社会の変化にも触れておくことに

する。

　教育の評価の歴史的な背景を語るには、自然学校の教育力の特徴である「体験学習法」を取り巻く歴史的な評価を考慮しなければならない。近年再び、公の学校現場でも自然体験と体験教育が再認識される潮流が起こった。それは、前章でも触れた1996年の中央教育審議会が示した答申の中で「生きる力」とそれを育むために示された「社会体験」「生活体験」「自然体験」の体験活動の重要性が指摘され、公教育においても体験の重要性が見直されたからである。これによって改訂された学習指導要領によって、2000年から公の学校で〝総合的な学習の時間〟がカリキュラムに盛り込まれ、体験学習や問題解決学習が重視されることになった。ところが、その後、一方でこの授業は教科学習を軽視しているとされ学力低下を招くという指摘があり、現在は授業時数が削減されている。

　野田[8]は環境教育における「経験」概念の研究の中で、自然学校の特徴であると考えている体験教育・体験学習等の領域について戦後論争されたことを考察し、以下のとおり指摘している。

> 　社会科を中心に「問題解決学習を方法原理とする経験主義教育論」が導入され、この問題解決学習はデューイの教育論の影響を受けているとしている。この問題解決学習（経験学習・生活単元学習とも呼ばれる）は現実生活の問題解決を通じた学習形態だが、この教育に対して1950年代初頭から様々な批判が向けられたと指摘している。その批判の中心になったのは矢川[9]で、経験主義教育は「はいまわる経験主義」であるという批判は大きな影響を持ち当時の経験主義教育の主要な批判となった。このことが今日に至るまで経験を重視する教育に対する批判として根強く残っていると指摘している。そして、1950年代の「新教育」としての学校教育に導入された経験主義的教育として「経験学習」は学力低下といった批判にさらされ「系統教育」にとって変わられた。

さらに、野田は以下の指摘をしている。

> 「体験学習法調査研究」(2000)では総合的な学習の時間における体験学習について「昭和20年代に論争になった「這い回る経験主義」の轍を踏まないためには、体験学習がその子どもの中で意味あるものとなる仕掛けが必要である。やってはいけない体験学習の代表が「はいまわる」学習なのである。「はいまわる経験主義」とは、子ども達が生活体験上の問題に主体的に取り組んだとしても、それだけで学ぶべき核心に到達せず、表面的な活動に終始してしまう。客観的な理解力や系統的な知識を得ることができず、もっぱら現状の社会に適応するだけの、主観的・ひとりよがりの思考や実践にとどまるレベルの学習を指している。

このように、体験から学ぶという一つの教育の方法論として「体験教育」「体験学習」があるが、その学習の有効性が評価されない歴史があった。それは、体験学習がある時には、学ぶべき核心に到達せず、表面的な活動に終わると評価されているからである。自然学校の多くが体験から学ぶ教育をメインに実施しているが、自然学校では体験学習を手法とする学習法を意識し、指導者の養成を行っている。自然学校が中心にしている体験教育は、指導者の指導法の理解度と指導の質に左右されることになる。

2. 今日的な教育の課題としての体験教育

前項の指摘は、まさに今日の公の学校の多くの教員が誤認している「体験学習」である。例えば、宮城県教育庁が2001年から宮城県内の公教育に導入したプロジェクト・アドベンチャー[10]（Project Adventure、以下PAという）の指導である。導入された当初は、学ぶ側の子どもが主体となり考える場面で多くの学校教員は指示を出し

たがり、解決の方法を教えたがる場面が多く見られた。普段から公の学校で浸透している「教える」という役割が無意識に表れるのではないかと考えられる。PAでは指導者が教え、指示する教育ではなく、子どもが体験の中で主体となって考え、行動することが期待されている。そこに自然体験や冒険体験など体験を通じた学びの特徴がある。

1996年の中央教育審議会一次答申「21世紀を展望した我が国の教育の在り方について」で、「生きる力」を提示したその背景を以下のように指摘している。

> 現在の子供たちは、物質的な豊かさや便利さの中で生活する一方で、学校での生活、塾や自宅での勉強にかなりの時間をとられ、睡眠時間が必ずしも十分でないなど、[ゆとり]のない忙しい生活を送っている。そのためか、かなりの子供たちが、休業土曜日の午前中を「ゆっくり休養」する時間に当てている。また、テレビなどマスメディアとの接触にかなりの時間をとり、疑似体験や間接体験が多くなる一方で、生活体験・自然体験が著しく不足し、家事の時間も極端に少ないという状況がうかがえる。

> 過度の塾通いは子供らしい生活体験・自然体験や遊びの機会を失わせる等見過ごすことのできない問題を持っている。その要因とされる過熱化した受験競争については、本来の学ぶ目的を見失わせたり、子供の発達や人間形成に悪影響を与えたりすることが懸念される。特に、今日、その低年齢化が進んでいる状況は教育上の大きな課題と言わなければならない。

> これまでの知識の習得に偏りがちであった教育から、自ら学び、自ら考える力などの[生きる力]を育成する教育へとその基調を転換していくためには[ゆとり]のある教育課程を編成することが不可欠であり、教育内容の厳選を図る必要がある。

> 　教育内容の厳選は、[生きる力]を育成するという基本的な考え方に立って行い、厳選した教育内容、すなわち、基礎・基本については、一人一人が確実に身に付けるようにしなければならない。

　96年の答申を受けて、学習指導要領の改訂作業が進められ、2000年に文部省(現文部科学省)がこれまでと異なる大方向転換をしている。2001年に21世紀教育新生プラン〈レインボープラン〉で、これまでは最高基準であると同時に最低基準でもあるとして、教育現場では外れることができない厳格な基準であった学習指導要領を「学習指導とは学習の〝最低基準〟を示したものである」とする大転換をした。これまでの学習指導要領は教えるべき教科の内容や時間をあげ、国が全国一律に示した厳格な「基準」であったが、最低基準という認識に転換したこと、さらに「総合的な学習の時間」という、学習指導要領と教員免許に束縛されないことが公の学校現場にも認められる、これまでにない変化であった。各地の自然学校が地域の学校でこの総合的な学習の時間に授業を担当する事例が増え、自然学校が取り組む体験学習を公の学校で実施するというこれまでにない展開となった。

3. 登校拒否から不登校・引きこもり・ニート問題

　1991年から文部省が統計 [表3▶4] をとり始めた不登校児童生徒の課題も90年代以降には教育を取り巻く課題として顕在化し変化してきている。96年の中央教育審議会一次答申「21世紀を展望した我が国の教育の在り方について」の中でも、いじめ・登校拒否の問題の解決のための家庭・学校・地域社会の役割と連携の重要性を強調している。「学校をスリム化し、家庭・学校・地域社会の間のバランスを改善するとともに、学校外で多彩な生活や体験の場を持つことが求められ、学校以外での体験の場が求められる」と指摘している。

[表3▶4] 不登校児童生徒数の変化

年度	小学校（比率）	中学校（比率）	高校（比率）
1991年	12,645（0.14%）	54,172（1.04%）	―
1995年	16,569（0.20%）	65,022（1.42%）	―
2000年	26,373（0.36%）	107,913（2.63%）	―
2005年	22,709（0.32%）	99,578（2.75%）	59,680（1.82%）
2010年	22,463（0.33%）	97,428（2.73%）	55,776（1.66%）

文部科学省　平成25年度「児童生徒の問題行動等生徒指導上の諸問題に関する調査」
60頁をもとに著者作成

　不登校児童生徒のように悩みを抱える子どもたちの支援に対して、体験教育・体験学習法を教育の手法にしている自然学校のプログラムや指導者の必要性が求められ、自然学校関係者が連携し実践する取り組み[11]も各地で行われた。

(1) 不登校児童生徒数の変化
　過去の不登校児童生徒の推移（文部省・文部科学省調査）は以下のとおりである。調査は1991年から開始し、以後毎年度実施されている。ここでは年度を抜粋し作表した。1991年度は小中学校を合わせて約66,800人であったが、2000年度以降は約12〜13万人を推移している。高校の調査は2004年度から始まりそれ以前のデータはない。

(2) 不登校児童生徒の「生きる力」と体験学習と「ゆとり教育」
　文部科学省は不登校児童生徒の全国規模の統計を1991年から実施している。1996年、文部大臣の諮問機関である中央教育審議会の答申で示された「生きる力」の育成の重要性が指摘された。
　以後の教育政策の中で「生きる力」を育む社会体験・生活体験・自然体験の重要性を受け2000年からカリキュラムが大きく変更された。総合的な学習の時間・心の教育・ゆとり教育など、教育現場での教員の理解や運用についての多くの課題をはらんできた。不登校児童生徒の数が90年後半から増えた要因と教育の現場で大きく

カリキュラムが変更されたことが関係しているのかはここでは言及しない。

災害による変化

1.　避けられない災害

　日本は、地理的にも気候的にも、地震、津波、火山、洪水、土砂崩れなど、自然災害が起こりやすく避けることが難しい。国内の「自然学校」が災害と向き合って活動をした初めての事例として、1995年1月17日に発生した、〝阪神・淡路大震災〟をあげることができる。キャンプやアウトドア関連のネットワークである日本アウトドアネットワーク（Japan Outdoor Network, 以後JONと表記する）は、地震発生翌日に組織として支援活動をすることを決定して、JONの先遣隊が被災地に入っている。混沌とした状況の中で1月20日に被災地へ入り情報収集をしながら支援拠点を探し、最も情況が混沌としていた東灘小学校避難所で支援をすることを決め、以後4カ月にわたって避難所の支援活動を行っている。その後、2004年中越地震、2007年中越沖地震でもJONは支援活動を行っている。さらに2008年岩手・宮城内陸地震を支援した。そして2011年東日本大震災では、全国にネットワークでつながっている日本エコツーリズムセンターやアウトドア関係者が連携して〝RQ市民災害救援センター〟という災害救援ボランティアセンターを設置して被災地で活躍をしている。2014年8月に広島市で発生した土砂災害にも現地の自然学校関係者と全国のネットワークが連携し〝RQ広島〟を広島の自然学校施設に開設し行動をしている。このように、自然学校のネットワークは、立て続けに起こった災害時に被災地へいち早く入り、混沌とした情況の中で支援の拠点を設置して初動の支援活動を展開してきている。

2. 天災か人災か

　近年、様々な災害を目にするが、全てが自然現象による自然災害であるのか疑問もある。自然災害が起こる要因は、自然環境がもたらすと思われるが、土砂災害を慎重に検証をすることで人間社会の生産活動によって自然環境にダメージを与えたことに起因する、いわゆる人災ともいえる事例も考えられている。2011年に紀伊半島で起こった大規模土砂災害は、森林伐採との因果関係が問いただされている。災害によって引き起こされた大きな損害や犠牲から、未来の災害との向き合い方を考える機会が得られることになる。災害復興の取り組みや防災への取り組みが各関係機関で推進されているが、災害によってさらなる変化が起きている。3.11以後文科省では防災教育の重要性を打ち出し、様々な事業に取り組んでいる。今後は、地球環境、気候変動、持続可能な経済活動など人間社会と環境の関係を、災害という現象を通じても地域や社会のあり方の問題として考えなければならない時代になっている。

3. コミュニティの変化

　被災したことによって、地域のコミュニティが崩壊したり、反対に地域が結束し絆が深まったりというように、災害によって被災したコミュニティは変化している。震災によらなくても、"限界集落"という言葉に象徴されるように、少子高齢化、過疎化が進んでいる地域では、コミュニティの急激な変化が進行している事例は少なくない。反対に都市部では経済成長に伴う都市化の弊害やつながりを求めない市民が増えた結果、やはりコミュニティが変化している。

　災害によるコミュニティの急激な変化や、震災によらずとも時代とともに変化しているそれぞれのコミュニティの課題を解決するためには、コミュニティが持つ共通の特性を知る必要がある。コミュニティに関して論じている文献は数多いが、ここでは社会問題の変

化の中で、自然学校が地域で取り組む事業の可能性を論じる視点から地域コミュニティの特徴的な項目を指摘する。

日本のコミュニティの特徴の一つとして、広井[12]は以下のように解説している。

> 〝身内〟あるいは同じ集団に属する者の間では、過剰なほどの気遣いや同調性が強く支配する反面、集団の『外』にいる人間に対しては、無視か潜在的な敵対関係が一般的である。
>
> 比較的恵まれた自然環境において、稲作を中心小規模の、かつきめ細かな集団管理や共同作業、同調のあり方
>
> 〝身内〟つまり顔が見える集団の中での凝集度の高い行動様式関係が求められると同時に外部との交渉が比較的少ない、その意味である種の閉鎖性を持った社会で〝外〟の者に対して潜在的な排他性が伴う。
>
> 『ウチーソト』を明確に区分し、集団の内部では過剰な気遣いが求められる反面、集団を一歩離れると何のつながりや〝救い手〟もないような関係性のあり方が、かえって人々の孤立や拘束感・不安を強め、また様々な〝生きづらさ〟の源となっている。つまり〝個人が独立しつつつながる〟という、真の意味での「都市的な関係性」を作っていくことが今求められているのであり、そうした〝関係性の組み替え〟と呼ぶべき根本的な課題に直面し、様々な矛盾のプロセスの中にあるのが現在の日本社会といえるだろう。

広井の指摘から、日本のコミュニティの特徴を考察する視点として「ウチとソト」と「人と社会」のつながり方と関係性をあげることができる。

何が社会の課題になっているのか

1. 自然学校を取り巻く社会の課題

「自然学校」を取り巻く事業領域は、「環境」や「教育」、さらに「地域」に関係する事業領域である。様々な事業領域、運営形態で、各地で展開されている自然学校の実態を明らかにした「自然学校全国調査」の結果からは、地域に根ざして取り組んでいる事例や地域が抱える社会の課題も見えている。第3章、第3節でも指摘している教育の課題や子どもを取り巻く環境にも課題を見ることができる。

2. 地域が抱える課題

「自然学校全国調査」の結果から、自然学校が意識している地域の課題に対して取り組んでいる項目が見えてくる。

・その1、衰えつつある地域の新たな担い手を育成。
・その2、小さな産業を創出。

この二つが自然学校の地域の産業や雇用に対する課題への取り組みである。

高木[13]は、「自然学校に新たな役割を求める期待が地域から出ていることを実感している」「都市のニーズに合わせた活動ではなく、地域内から農山漁村の魅力を発信し、地域自ら育てる内発的な繁栄に貢献できる事業体としての転換を進めている」と地域の課題に対しての自然学校の取り組みを示している。

西村[14]は、「森林資源や水資源、自然エネルギーの持続可能な利用、食料の生産や自給、生命の多様性や循環、……地域住民をはじめとする様々な人々、セクターとのパートナーシップの構築や、地域通

貨など新しい社会のしくみの実験的な取り組みも可能である。」と、地域や自然が持つ様々なポテンシャルを指摘し、様々なポテンシャルを持ちながら、地域でこれらが活かされていないことに課題があると見ている。

前項で触れた日本のコミュニティの特徴である「ウチ・ソト」の関係から地域を見た場合、各地で活動している多くの自然学校は「ソト」から地域へ入り込んだケースが多い。自然学校全国調査や高木、西村が指摘しているこれまでの地域の課題は、「ソト」から見た指摘になる。

保母[15]は、農山村の発展・振興に関して「内発的発展」について論じている。「内発的発展」は、地域外から資本や企業を誘致する「外発型開発」への対抗概念である、と定義し、いくつかの補足を加えつつ、「地域にある資源、技術、産業、人材、文化、ネットワークなどのハードとソフトの資源」の活用に触れ、地元の関係者、住民が意欲を持って取り組む「自前の発展的努力」を基礎、基本とし、都市との連携の重要性も指摘している。

さらに、高野[16]は、保母の「内発的発展」を受け、「動く地域／動けない地域／動かない地域」に関して論じている。そして、地域間関係に対する十分な認識と理解、個別の地域史ではなく、広域的な地域間関係史の認識の必要性を指摘している。

これらの指摘から、地域の課題を検討し、解決をするためには「ウチ」からの視点も重要であり、保母が指摘している地域の「内発的発展」と高野が指摘している個別の地域だけではなく、地域間の関係性も視野に入れた課題を見なければ根本の解決にいたらないと考えることができる。

自然学校が地域や社会に関わるためにはこれらの課題を踏まえて、地域の内発的発展を支援する役割が重要となるのではないだろうか。

第7節 まとめ

　前章で述べた、自然学校の発生と広がりとその役割の変化は、「環境」を課題とする環境社会の変化に影響を受けているといえる。公害問題から公害教育、自然破壊から自然保護教育がはじまり、70年代から80年代には地球規模の環境問題が顕在化してきた。環境社会の変化は、自然学校が取り組む教育がESDであることを示してきたといえる。

　教育が暮らしや生業と乖離をせずに地域や社会にある課題を解決するためにあり、自然学校が環境社会の変化に応じて地域や社会にある課題を解決する事業体として担い始めている。自然学校の教育の特徴である体験を通じて学ぶ「体験学習」「体験教育」の社会的な評価も歴史とともに変化して、今再び見直されている。

　環境社会の変化に伴い地域に拠点を持つ自然学校の役割も変化している。例えば、環境省が取り組む「エコツアーガイド養成講座」や農水省が取り組む「田舎で働き隊」の受講生を受け入れている自然学校がある。このような事例は、地域へつながる人材の育成であり、地域や社会に関わるためには、これらの課題を踏まえて、地域の内発的発展を支援する役割としても重要となる。

　環境社会の変化の中からも自然学校の特徴に以下の3点を見出した。

①自然学校は環境社会の変化の中で、地域での人材育成に関わる事業を積極的に行っている。持続可能な社会を実現できる人づくり、実体験を通じた人材育成の教育がある。
②自然学校は持続可能な社会を実現するために、地域に根ざして、担い手の育成、産業の創出など地域コミュニティとの関係性を持っている。活動の特徴に地域と〝つながる〟ということをあげ

られる。地域とのつながりを活かす特徴がある。
③自然学校の教育が暮らしや生業と乖離をせずに地域や社会にある課題を解決するところにある。自然学校が社会や地域の課題を見つけ、それを解決する特徴がある。

(注)

1) ウッズホール海洋生物研究所（Marine Biological Laboratories, MBL, WHMBL）：アメリカ合衆国マサチューセッツ州ウッズホールにある全米最古の海洋生物学研究所
2) 足尾銅山鉱毒事件：日本初の公害問題としても有名な「足尾銅山鉱毒事件」。鉱毒は銅の精製過程で排出されたもので、付近の環境に甚大な被害を与えました。1885年、渡良瀬川の鮎が大量死したことにより事件は表面化します。直後、渡良瀬川から取水していた上流部1,200haの田畑が、鉱毒の影響で数年間収穫不能に陥る事態に見舞われてしまいました（農水省関東農政局HPから）。
3) 水俣病：1956年頃に熊本県水俣湾周辺、1965年に新潟県阿賀野川流域で発見された公害病。水俣では化学工業会社チッソが水銀を含む工場排水を海へ流し、水俣湾でとれた魚介類を食物連鎖で摂取したことによって体内に高濃度に蓄積して起こった。
4) イタイイタイ病：富山県神通川流域で発生した公害病。神通川上流にある神岡鉱山から廃水に含まれたカドミウムが神通川から流域の水田へ流れ込み、この流域で生産された米や野菜、水を摂取したことが原因で発症。
5) 平成5年版環境白書　第8章地球環境保全等に関する国際取組等、第2節国際機構等による取組、1.地球サミットの成果（1）地球サミットの概要
6) 平成8年10月に環境省が東京青山に、様々な環境問題を解決し、持続可能な社会を実現するため、市民・NGO／NPO、企業、行政などが連携する対等・平等な関係（パートナーシップ・協働による取り組み）を推進する目的で設置。平成15年に成立した環境教育推進法を踏まえて、地域拠点として、さらに全国7カ所に設置している。
7) 川村研治：地球環境パートナーシッププラザ「持続可能な社会のための教育についての日米協働事業～環境教育についての日米対話～報告書」（1999年）
8) 野田恵「環境教育における「経験」概念の研究―農山村における自然体験学習の経験主義的基礎付け―」東京農工大学大学院学位論文, 53-58頁（2010年）
9) 矢川徳光「矢川徳光教育学著作集　第3巻」, 140頁（青木書店, 第1版, 1973年）

10) Project Adventure（プロジェクト・アドベンチャー）：OBSの冒険教育から派生し、1970代にアメリカで研究開発された冒険教育プログラム。チームビルディングのプロセスの中で「気づき」を経て成長し、時には自分の限界を超える挑戦をし成長に導くプログラム。
11) 仙台市不登校支援ネットワーク（2001年〜）、国立妙高青少年自然の家「悩みを抱える青少年・不登校対象キャンプ〝オープン・ザ・ドア〟（2002年〜2005年）など。
12) 広井良典『コミュニティを問いなおす―つながり・都市・日本社会の未来―』，34頁，37頁（筑摩書房，2009年）
13) 高木晴光「地域のスモールビジネスとしての自然学校」ESD拠点としての自然学校，37頁（2012年）
14) 西村仁志「自然学校による地域づくりの実践」日本型環境教育の知恵，78頁，（小学館，2008年）
15) 保母武彦「日本の農山村をどう再生するか」，318-322頁，（岩波書店，2013年）
16) 高野孝子『場の教育「土地に根ざす学び」の水脈』，42-46頁（農山漁村文化協会，2010）

第4章 自然学校の創設者・代表者の意識調査

この章では、環境社会の変化の中で発生し多様な広がりを見せてきた各地の「自然学校」の創設者及び代表者にアンケート調査を実施し、彼らの意識や理念などに共通する日本の自然学校の特徴を明らかにした。その特徴を【自然学校の3つの基軸】として定義し、次章から述べる自然学校の新たな役割の考察への道筋を示した。

第1節 自然学校の特徴として考えられる要素

1. 自然学校の特徴を理解する観点

　第2章では、自然学校が80年代に発生し90年代に広がりを見せ、さらに2000年以降に多様な機能と発展を遂げてきたことを論じた。第3章では自然学校を取り巻く社会的な背景、特に環境に関わる社会的な背景に着目して、環境社会の時代的な変化を確認した。それぞれの章から、環境社会の変化の中で自然学校の特徴を示す共通の観点として以下の3つを見出した。

観点①【教育】
　自然学校の教育方法に特徴がありそれを活かした教育力がある。「自然学校」という事業体の名称に「学校」という言葉があるように「教育」としての特徴をあげることができる。

観点②【社会関係資本】
　自然学校は社会関係資本の活かし方に特徴がある。第2章の自然学校の定義で示した、2010年の自然学校全国調査の際に示された、自然学校の理念・意義に「人と自然」「人と人」「人と社会」を深くつなげ社会に貢献している、というように「つなげる」という役割が自然学校の特徴として考えられる。

観点③【課題解決】
　自然学校は社会や地域の課題を見つけ、それを解決する力に特徴がある。自然学校の事業体も「自ら課題を見つけ、より良く解決する」ことを目指すことに特徴がある。従って3つ目に自然学校の事業には「社会問題を解決する」という姿勢があり、それが自然学校の特徴として考えられる。

第4章では、自然学校の特徴を考察するために見出した3つの観点を踏まえて、自然学校の創設者及び経営者へアンケートを行い、これらの自然学校の3つの観点とアンケート・インタビューから得られた回答とを合わせて自然学校の特徴を考察する。

2. アンケート・インタビュー調査の方法

　第1章、第2章、第3章から自然学校の特徴として見出した3つの観点を考察するために、自然学校の創設者及び経営者にアンケート調査、及びインタビューを実施した。

①アンケート・インタビューの対象者

　自然学校全国調査で調査対象になった自然学校の中で、自然学校や環境教育に関連するネットワーク（JON・JEEF・CONE）に加盟している自然学校から北海道から沖縄まで、無作為に34団体を選び、アンケート・インタビューを依頼した。自然学校の所在地は[図4▶1]のとおりである。

　2010年に実施された自然学校全国調査で回答があった735団体のうち、国や自治体96団体、独立行政法人・特殊法人78団体、学校法人6団体、その他法人6団体、組織形態が不明22団体の計284団体を除いた451団体と本研究で調査を依頼した34団体の組織形態の割合は[表4▶1]のとおりになる。

(1)アンケート・インタビュー調査の実施方法

　アンケートは、アンケート依頼文を添付し回答締切を7月末としインターネットのメールで、2014年6月25日に34団体へアンケートを送付した。その結果アンケート回答は16団体（回答率47.1％）からあった。インタビューは8名にアンケート用紙に沿った内容を質問する方法で実施した。インタビューの5団体は7月上旬に東京都内で直接行い、2団体は電話、1団体はスカイプで行った。

[表4▶1] アンケート調査依頼団体の組織形態及び回答数

組織形態	2010年全国調査 団体数（割合%）	本研究依頼 団体数（割合%）	本研究回答 団体数（割合%）
社団法人	13（2.9%）	2（5.9%）	2（12.5%）
財団法人	21（4.7%）	2（5.9%）	2（12.5%）
NPO法人	180（39.9%）	17（50.0%）	9（56.3%）
株式会社・有限会社	67（14.9%）	4（11.8%）	0（00.0%）
任意団体	170（37.7%）	9（26.5%）	3（18.8%）
合計	451（100.0%）	34（100%）	16（100%）

① 黒松内ぶなの森自然学校（北海道）
② 岩木山自然学校（青森）
③ 小川原湖自然学校（青森）
④ 白神自然学校一ツ森校（青森）
⑤ 森と風の学校（岩手）
⑥ イーハトーヴォ安比高原自然学校（岩手）
⑦ あきた海辺の自然学校（秋田）
⑧ くりこま高原自然学校（宮城）
⑨ 月山エコプロ自然学校（山形）
⑩ あぶくまNSネット（福島）
⑪ 那須高原自然学校（栃木）
⑫ アドベンチャー集団DO!（群馬）
⑬ チャウス自然学校（群馬）
⑭ 国際自然大学校（東京）
⑮ ワンパク大学（東京）
⑯ 日本野外児童研究所（東京）
⑰ 千葉自然学校（千葉）
⑱ 湘南自然学校（神奈川）
⑲ キープ自然学校（山梨）
⑳ 風と土の自然学校（山梨）
㉑ TAPPO南魚沼やまとくらしの学校（新潟）
㉒ 立山自然学校（富山）
㉓ グリーンウッド自然体験教育センター（長野）
㉔ 大杉谷自然学校（三重）
㉕ 田歌舎（京都）
㉖ ひろしま自然学校（広島）
㉗ 自然スクールTOEC（徳島）
㉘ とりかぶと自然学校（長崎）
㉙ アイ・オー・イー（熊本）
㉚ 九重ふるさと自然学校（大分）
㉛ 五ヶ瀬自然学校（宮崎）
㉜ くすの木自然館（鹿児島）
㉝ よみたん自然学校（沖縄）
㉞ やんばるエコツーリズム研究所（沖縄）

[図4▶1] アンケート依頼対象34団体の自然学校の所在地

(2) アンケート・インタビューの内容

　アンケート項目は概ね以下に示すとおりである（アンケート用紙は参考資料として160ページに掲載）。

---

1 回答者に関する項目：
　氏名・生年月日・属性・自然学校事業に関わる専門分野・資格
2 自然学校の事業組織に関する項目：
　団体名・組織形態・所在地・沿革・事業規模
3 自然学校の事業内容に関する項目：
　事業領域・実施プログラム・関連加盟団体
4 自然学校事業の経営を通じて感じてきたことに関しての設問
　（1）理念・使命・特徴・こだわり
　（2）社会の変化認識について
　（3）自然学校の変化について
　（4）自然学校の役割の変化と可能性について
5 本研究の自然学校の観点に関する項目の設問：
　（1）教育力の特徴について
　（2）社会関係資本の特徴について
　（3）社会問題の解決力について

以上の項目でアンケート調査を実施した。

　本研究では、自然学校の傾向や特徴を導きだすために、アンケート調査は自然学校の創設者もしくは代表者を対象に行った。事業を興した理念・使命・こだわりなど意識の傾向と事業の性質を明らかにするためである。従って上記に示したアンケートの質問項目の4 自然学校事業の経営を通じて感じてきたことに関しての設問及び、5 本研究の自然学校の観点に関する項目の設問を中心に考察をした。
　2、3の項目にあげている事業経営の形態や事業規模、事業経営

に関して今回は考察をしていない。

アンケート・インタビューから見える自然学校の特徴

　第2章・第3章で自然学校の特徴を示す共通の観点としてあげた3つを裏付けるために、創設者や代表者が意識をしていることを記述式で回答をお願いした。アンケートの「これまでの自然学校事業の経営を通じて感じてきたこと」の設問の(1)理念・使命・特徴・こだわり、の項目と(4)自然学校の役割に関した設問に16団体の16名から得られた回答の記述からキーワードを抽出した。

　その結果、以下の結果が得られた。

　自然学校を始めた理由・理念・こだわりの回答から以下の95個のキーワードがあげられた。16名から得られたキーワードは、同一物の記述から複数のキーワードを得ている。また、他者が同じキーワードで重なるものも重複してカウントしている。これらの得られたキーワードの分類を試みると、「教育」「体験活動」「つながる・社会関係資本」「課題解決」「地域づくり」「社会貢献」などに分類され、95個のキーワードに占める割合を[図4▶2-1]のグラフに示した。

【教育】27個（28.4％）

- 新たな教育・概念学習＆体験学習の融合・教育・課題解決する人づくり・野外教育
- 環境教育・学ぶ場・教育方法・人間教育・教育スタイル・学ぶ・生涯学習・学の場
- 学び合える場・環境教育・人材育成・学ぶ体験・共感力・創造力・意欲
- 公教育でない教育・共に育ちあう・P.C.A（person centered approach）
- 非構成的アプローチ・道場・学ぶ人が主体の教育・心を育む

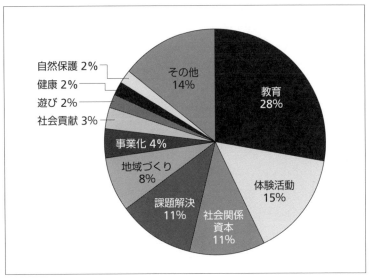

[図4▶2-1] 理念・使命・こだわりについての回答キーワードの割合

【体験活動】14個（14.7％）
- 自然体験活動・体験活動・社会体験・自然体験・原体験・自然体験・原体験
- 冒険体験・自然体験・自然体験・野外体験・人とのふれあい体験・自然とのふれあい体験・感動体験

【つながる・社会関係資本】10個（10.5％）
- 人と人・人と自然・人と文化・人と人をつなぐ・オープンな関係・人とつながる
- ネットワーク・人と社会・人間関係・あらゆるセクターと協働

【課題解決】10個（10.5％）
- 環境問題・政治問題・経済問題・環境問題・野遊びの喪失・人間性回復・環境問題
- 問題解決・社会革命・集落の消滅

【地域づくり】8個（8.4％）
- 持続可能な地域づくり・持続可能な社会づくり・地域づくり
- 地域の元気・地域伝承・地域デザイン・自然環境と地域の共存

- コミュニティデザイン、ソーシャルデザイン

【事業化】4個（4.2％）
- ポテンシャル活用・事業化・プログラム開発・民間

【社会貢献】3個（3.1％）
- 企業CSR・社会的企業化・公益の追求

【遊び】2個（2.2％）
- 遊び・遊び冒険（ハイリスク・ハイリターン）

【健康】2個（2.1％）
- 人の心身元気・自分の元気

【自然保護】2個（2.1％）
- 反対運動・自然環境保護

【その他】13個（13.7％）
- 生きるために生きる・エコロジーとエコノミーの共存・感動・多世代の幸
- 自然遺産・自然と人間の共生・人類の理解・自然、里山、里地・生活が基軸
- 自然エネルギー・農的循環・自然農・多様性

　以上のように創設者の回答から得られたキーワードのうち、28％が「教育」であった。さらに自然体験・原体験など「体験活動」が15％を占めている。自然学校の教育の特徴である「体験から学ぶ」というこの両方を合わせた自然学校の「教育の特徴」に関連するキーワードは43％を占めることになる。「つながる」というキーワードに現れている「社会関係資本」に関係しているキーワードは11％になっている。「社会や地域の課題解決」につながる、環境問題、政治問題、経済問題などの様々な問題を意識したキーワードは11％、そして地域の課題を見据えた地域づくりに関連するキーワードは、8％で合わせて「社会や地域の課題解決」に関連するキーワードは19％になる。

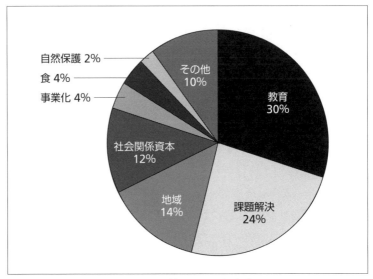

[図4▶2-2] 自然学校の役割についての回答キーワードの割合

　自然学校の役割に関した設問では、同じく、16名から以下の83個のキーワードがあった。得られたキーワードの分類を試みると、教育・課題解決・地域・つながる社会関係資本などに分類され、[図4▶2-2] のグラフに示す割合となった。

【教育】25個（30.1％）
- 教育・人間教育・社会教育・野外教育・環境教育・国際教育・子育て・環境教育
- 自然体験・社会教育・教育問題・特別支援教育・不登校・公教育への影響
- 教育制度改革・教員養成改革・新しい教育・多様な教育・地域の担い手育成
- 人材育成・子どもの不健康ひ弱化・発達障がい・自然での学び・農村体験
- 責任ある行動（人づくり）

【課題解決】20個（24.1％）

- 社会問題（少子化・過疎化・貧困）・過疎化・人口減少・農業者減少・環境問題
- 人材育成・環境問題・教育問題・政治問題・経済問題解決・自然破壊・基地建設
- 森林伐採・希少動物密猟・採取行為・担い手（一次産業）
- 課題解決プラットフォーム・地域の担い手育成・少子高齢化・閉塞感

【地域】12個（14.5％）
- 地域づくり・地域づくり・地域活性化・地域活性・地域に根ざす・地域資源
- 地域づくり・ブランド開発・地域活性化・地域の企業家・社会づくり
- 持続可能な地域づくり

【つながる・社会関係資本】10個（12.0％）
- 人間関係・地域づくり協議会連携・地域とつながり・医学と連携・公教育との連携
- 公教育と協働・住民と行政連携・生涯学習の拠点・人間関係・人間関係の開放

【事業化】3個（3.6％）
- 企業のCSR・事業化・コミュニティビジネス

【食】3個（3.6％）
- 食・食品添加物・日本の食

【自然保護】2個（2.4％）
- 自然保護・保全活動

【その他】8個（9.6％）
- 伝統文化伝承・コーディネーター・自然回帰・幸いへの理念・価値観の問題・安全
- 安全な社会・豊かな情操

　自然学校の役割の変化とその可能性については、これまでの役割

と、これからの役割の可能性について回答を求め83個のキーワードを得られた。そのうち一番多いキーワードは「教育」に関するキーワードで30％を占めている。「課題解決」が24％で次に多い。次に多いのが「地域」の14％、地域とつながるなど「社会関係資本」に関連するキーワードが12％になる。

　また、「自然学校の社会的な役割に社会問題を解決する使命があると思いますか」という設問に対して16名全員の100％が〝ある〟と回答をしている。

　以上のアンケートから得られたキーワードの結果、第2章・第3章であげている自然学校の特徴としての3つの観点である【教育】【社会関係資本】【課題解決】は、自然学校の特徴としての【自然学校の基軸】として定義することができる。

第3節　まとめ

　アンケート及びインタビューの結果、自然学校の創設者及び経営者から回答されたキーワードから3つの観点である「教育」、「関わり」「関係性」など「つながる」という「社会関係資本」、そして「社会の課題」に関係するキーワードを整理し、自然学校の特徴の「自然学校の基軸」を定義し、以下のとおり考察した。

【教育】アンケートからも自然学校の設立・理念・こだわりの項目、さらにこれまでの役割の項目で「教育」をあげた回答が最も多く占めている。その教育に関しても、公教育と異なる点があげられ、自然体験や原体験など体験から学ぶ方法をあげている。そして、創造力や人間関係やコミュニケーション、自発的な行動力など人間としての基本的資質を育むところに自然学校の教育の特徴を示している。「自然体験活動が人間教育の原点」と答えているところに自然学校

の「教育」というぶれない特徴がある。従って、自然学校が取り組む教育には、自然学校独自の「教育力」があると考えられる。ここで示している「自然学校」は、自然学校・自然学舎・自然楽校・自然塾・自然体験などという名称を持つ事業組織、あるいは事業内容が環境教育・野外教育・自然体験教育・冒険教育・農林水産体験・暮らし体験・ESDなど環境や教育に関わる事業領域を指しているが、いずれも「教育」という役割を担って展開されてきている。自然学校が取り組む「教育」に特徴があるのではないのかという点を指摘できる。いわゆる、自然学校が持つ「教育力」に自然学校の特徴があると考えられる。

【社会関係資本】アンケートでは、社会関係資本は十分に活かされていないという回答もありつつ、「人と自然」「人と人」「人と社会」とつながるという回答がある。その他には、利害を越えたネットワーク、企業や行政とのネットワーク、顔が見えるネットワーク、さらに、オープンな関係、というように「つなげる」という役割もあげられている。自然学校が担う「つなげる」「つながる」という役割は様々な「つながり方」にその特徴を見ることができると考えられる。
80年代後半から動き始めた自然学校を取り巻くネットワークの発生とその後の展開にもその特徴を見ることができる。自然学校の2つ目の特徴として「社会関係資本」の活かし方があると考えられる。

【課題解決】環境社会の変化や教育の課題の変化の中で自然学校は発生し広がりを見せてきた。社会や地域の課題は多様であり、アンケートの回答においても課題を抱える領域は多岐にわたっている。自然学校のこれまでの役割の項目の回答には、教育の課題、地域づくり・過疎少子化、農業問題、環境・自然保護、エネルギー、食の問題など、あらゆる社会問題があげられている。また自然学校には問題意識を持つ人が多い、率先して面倒くさいことを行う姿勢、当

事者意識がある、フットワーク・行動力がある、などがあげられている。先にあげた特徴の「教育」の視点からは、自然学校が目指す「教育」の特徴のひとつに「生きる力」の育成があり、それは、「自分で課題を見つけ、自ら学び、自ら考え、主体的に判断し、行動し、より良く問題を解決する資質や能力」とある。したがって、自然学校の特徴に「社会問題を解決する」という姿勢をあげることができる。

　以上の3つを自然学校の特徴として示し、ここでは「自然学校の基軸」として定義をした。
　そして、次章からはこれらの3つの「自然学校の基軸」を考察し、自然学校が新たな役割を担うための「基軸」の構成要素を示す。

第5章

自然学校の教育力の特徴

アンケートとインタビューの結果、自然学校の理念・使命・特徴・こだわりの項目で、全回答者から、野外教育、環境教育、学び、人づくり、人材育成などがあげられ、自然学校の特徴のひとつに「教育」があることが示された。この章では、自然学校が取り組んでいる「教育」にはどんな特徴があり、それが自然学校の事業にどのように取り込まれているのかを考察する。

自然学校の学びの特徴

1.　「教育」を特徴として指摘しているキーワード

(1)「教育」を構成する要素

　自然学校が持つ「教育力」に関連するアンケート「①自然学校が持つ教育力の特徴についてどうお考えですか」(P.161 アンケート用紙参照)という項目の回答から以下の61個のキーワードが得られている。自然学校の基軸としての「教育」を構成する要素を得られたキーワードから整理した。

【自分】24個(39.3％)
- 考える力・主体性・自立・意欲・強い人間力・応用力・達成感・生きる糧
- 肯定的な創造力・発育発達・内発的・感受性・生きる力・乗り越える力・判断・主体性
- 創造性・応用力・人間力・畏怖の念・感動・アウトプット型・腑に落ちる・知識を使う力

【環境・情況】14個(23.0％)
- 非日常体験・自然環境・不確実・不確定要素の環境・課題設定・目標設定
- 危険感知能力・危険回避能力・フィールドの変化・諦めない・できる工夫
- 行動として起こす・現象を受け止める・実践の教育力

【他者】8個(13.1％)
- 協力・信頼関係・人間関係・コミュニケーション・共感・協力信頼・関わり方・異年齢

【教育方法】5個(8.2％)
- オルタナティブ教育・学校教育ではない教育力・本物・参加型・

身体活動

【多様性】3個（4.9％）

・多様性・多様な体験・多様な価値

【健康】2個（3.3％）

・健全健康・心身の健康

【その他】5個（8.2％）

・福祉的・ファンタジー・一般化するのが難しい・拠点・マニュアルを超える

(2) インタビューの中での自然学校の教育に関する意見

■ 自然学校がやってきたことを公教育の教員へも伝えるべき、教育は何のためなのか、国語・社会・数学も何のために学ぶのか問い直したい、自然学校も全ての教育は、ESDであろう、「持続可能な未来をつくる社会をつくる人のために」あるべきで、「自然学校の共通の教育であろう。」（K氏・K自然学校）

■ 自然の中での教育なので、自然を乗り越える力を求められる。人と関係していく・コミュニケーション・協力を実体験を通じて学ぶので、これが自然学校の教育力へつながる。キャンプの中ではプログラムという装置を通じて取り組める。場が提供できる、装置を通じて、普遍的・基本的な方法でスタッフ育成もできる。生きる力は、常に自然の中での環境で求められる。自然の中で課題を見つける能力を鍛えられる。リスクが常にある。自然の中でアンテナを感度良くして、アンテナを張っている。問題を察知する能力を鍛えられる。体験活動の中でも特に自然体験にしかないもの不確定要素が高い情況に置かれる、他の体験活動と違う。自然体験は鍛えられる。（S氏・K自然大学校）

■ 人を育てる、自律した人、協調して関係性をとらえられる人づくり。自発的に関係性とつながる。これらの課題を解決できる人、人づくりは地域の課題を解決する。今の政治：世界の流れをみて、小泉……新自由主義自立政策＝弱いもの切り捨て政策は強くなれ。

しかし、弱いものは強くなれない。弱い人に強くなれは無理。キャンプの自立はみんなでやるからできる。このことが社会にも通用することをきちんと考えられる人を育てなければならない。自然体験活動だけではない……過去の不幸・キャンプができる幸せ。常に社会情勢の中での立ち位置を意識し、社会のどこでもこれから必要なことを伝える。これから生きるために必要なことをやっている暮らしの教育、暮らしから入って地域が見える森づくり。暮らしから課題が見えてくる。山賊キャンプがなぜ支持されるか？コンテンツをつなげる論理は、暮らし生活・ご飯づくりを排除して活動はしない。農山村交流プロジェクト……プログラムを並べているだけ……どうやって生きるか、力を合わせてどう乗り切るのかという場面がある。地域の豊かさに気づく教材がある、弱い村のために今やってることがどのような意味があるのか考える。(T氏・Gセンター代表)

■体験をふりかえる、エッセンスを意識化、仲間ができることで教育効果を持続させる効果。仲間がいることで刺激を受ける。学びのテーマが場に波及する、仲間がいる心強さが教育力の特徴。体験が価値観を共有し勇気づけしあえるコミュニティを形成し広がる仲間ができることが特徴。(U氏・K自然学校)

2. 自然学校の創設者や代表者が影響を受けていた教育

アンケート、インタビューで得られた事項の中で、創立者や代表者が自然学校の教育理念や教育方法のベースになる考え方に影響を受けている事例として以下の3つの学校をあげることができる。

(1) フォルケ・ホイ・スコーレ

そのひとつは、熊本のIOE創設者の山口[1]が影響を受けた1850年代にデンマークのグロントビーが設立した「フォルケ・ホイ・スコーレ」[2]という学校とその教育理念があげられる。山口は「フォ

ルケ・ホイ・スコーレ」を次のように解説をしている。「当時ヨーロッパでは、貴族階級が使用しているラテン語で表記した知識を学ぶことが大学教育の中心となっていた。産業革命以後新しい知識や技術が生まれ、それらの〝形式知〟をより多く覚えた人間が次代のリーダーにふさわしく優秀であると評価される教育であった。この教育が後に〝ラテン教育〟あるいは〝エリート教育〟と呼ばれ、ヨーロッパでの高等教育として広がっている。グロントビーはこの〝ラテン教育〟に異を唱え、競争を強いるラテン教育を〝死の教育〟と酷評し、覚えるのではなく対話から学ぶ共生の教育を目指した。文字で始まり、本の知識で終わる教育ではなく、他者とのコミュケーション、生きた言葉での自由な対話を中心とする教育方法を実践している」

さらに山口は、「自然学校が教育の場にだけに止まらず、地域づくりに影響を与え、その拠点としての機能を含めて、デンマークが取り組んできた事例から大きく影響を得てきた」としている。

(2) アウトワード・バウンド・スクール

2つ目は、国際自然大学校の創設者の佐藤[3]がベースとしている冒険教育である。第二次世界大戦中にドイツから逃れイギリスに亡命したクルト・ハーンが1941年イギリスに開校した冒険学校「アウトワード・バウンド・スクール」[4]（Outward Bound School：以後OBSと記す）から佐藤は影響を受けている。OBSは、未知である、リスクがある、慣れていない、結果が保証されていないなどの冒険体験を通じて、自発的に安心安全のエリアから一歩踏み出しチャレンジする力を育み、そして他者との関わり方を学ぶことができる学校である。イギリスに開校したOBSは、その後世界各地に開設されている。

佐藤は、1981年にイギリスへ渡り、OBSのプログラムに参加し帰国したのちに、国際自然大学校NOTS[5]を設立している。NOTSは、冒険体験を通じて「自然や人とのかかわりの中で、人生を前向きに

生きている人・アウトフィッターを育成する」という教育理念がベースとなっている。

(3) サドベリー・バレー・スクール

3つ目は、沖縄のよみたん自然学校の創設者小倉[6]が影響を受けた一つである1969年にボストンに設立された「サドベリー・バレースクール」[7]の教育理念がある。スプートニックショックで変化した国家教育の疑問から生まれた学校である。戦後の冷戦時代に、当時のアメリカ合衆国とソビエト連邦が宇宙開発にしのぎを削り競って、ソビエトがアメリカに先んじて人類初めての人工衛星スプートニック号を宇宙に飛ばすことを成功させた。このことを受けて、アメリカ合衆国は科学教育に危機意識を持ち、優秀な技術者を養成するために科学や数学教育が大転換された。その影響は日本にも及び、学習指導要領の改訂など理数教育のカリキュラムが大きく変わったと言われている。このようなアメリカの教育の転換に疑問を持った教育者らが開校した学校が「サドベリー・バレー・スクール」である。小倉は、国が定めたカリキュラム、いわゆる、大人が設定した学習を重視するのではなく、生徒が自由に主体的に学ぶことを教育の理念にしたところに強く影響を受けている。

3. 体験学習を中心とする自然学校の学びの特徴

前項2の自然学校の創設者や代表者が影響を受けていた学校のいずれのケースも「何を学ぶのか」「どのように学ぶのか」「誰が学ぶのか」に特徴がある。さらに自然学校が持っている学びの特徴、教育力の特徴に関する問いに対して、佐藤[8]をはじめ、辻[9]、川嶋[10]は以下のように回答している。

佐藤は、自然の中に置かれている情況の特徴を踏まえて、

「根本的に自然の中の教育なので、いつ何時どんなことが起

こるかわからないシチュエーションの中でそれを乗り越える力を求められることが最大の教育力につながる。
　同時に一人でできない人と関係していく場面に置かれるので、コミュニケーションや協力、チームワークというキーワードがあげられるが、言葉ではなく、いわゆる、〝暗黙知的〟なことが実際として現れることが一番大きい。それを感じられることが大きな教育力につながる。キャンプそのものが人との関係性で成り立っているので、キャンプでの学びがコミュニケーション能力を高め、実社会に応用可能な力を育む。」

と述べている。
同じく、インタビューで辻は次のとおり答えている。

　「キャンプで体験する活動の中で、自立はみんなでやるからできる。これからも通用するきちんと考えられる人を育てなければならない。自然体験活動だけではなく暮らしをベースにしている感覚なので、小さな集落への参加を通じて地域での地方自治の参加度が高い。切り取られた参加ではない地域の連続性を常に感じ、社会情勢の中での立ち位置が見えてきて、グローバル社会のどこでも、これからの社会に必要なことを伝え、これから生きるために必要なことを育んでいる。」

川嶋は、

　「公教育は反転授業で、インプットする概念学習は自宅で学び、みんなで教え合う・みんなでできる学びを教室でやる方向へいくべきで、先生は教える人からファシリテーターになる事が必要である。ファシリテーター型教員を育てることは自然学校が取り組んできたことを教員へ活かすことであり、何のために学ぶのかを問い、これまでの公教育の教科である国語・社会・数

学等の中でもESDいわゆる、持続可能な未来をつくる社会をつくる人のための教育が必要である。」

と述べている。

　前項2の教育理念や教育方法のベースになる考え方に影響を受けている事例と三者がインタビューで指摘していることから、自然学校が取り組む活動には、公の学校にはない学びがあり、さらに、自然体験活動のみならず暮らしを創造する体験も大切な学びの場になっている。現代の日本の学校教育の学びの特徴は概念学習を中心とする教育にあり、教科書の知識である「形式知」をどのくらい覚えたのかが問われている。そして、それを〝学力〟の教育評価の基準にしている。もちろん「形式知」を習得することも大切ではあるが、インタビューからは、自然学校はいずれも、「形式知」を覚えることに主眼を置かない教育であることがわかる。従って、自然学校の教育の特徴は、「形式知」の獲得よりも「暗黙知」の獲得に主眼を置いた体験を通じた学びの方法を大切に考えているところにある。自然学校と呼ばれている学校には、この共通性があると考えられる。概念学習を中心とする公の教育に対して体験学習を中心とする教育手法を用いているのが自然学校の特徴といえる。

　日本では1996年に中央教育審議会の答申で「生きる力」という概念が示された。「生きる力」は「暗黙知」である。「自分で課題を見つけ、考え、判断し、主体的に行動する、課題を解決する、自制し、協調、思いやる心、健康、体力」という「生きる力」は体験から獲得され、体験学習を中心とする自然学校のプログラムは、「生きる力」を身につける有効な教育の手法であると考えられる。

　さらにアンケートで得られた回答に抽出された〝体験〟〝創造力〟〝腑に落ちる学び〟は、概念学習で必要とされる概念化する力が、多様でたくさんの体験を積むことで生まれ、この力が概念学習を有効にして学力の向上へつながる。従って、学びの土台づくりを担っ

ているのも自然学校の特徴のひとつと考えられる。より多くの知識や技術を習得し、それを社会で有効に発揮することは、概念学習で獲得する知識をインプットする〝覚える力〟と体験学習で獲得する〝主体的に考える力・想像・創造・行動する力〟が必要である。

　自然学校が取り組んでいる教育の特徴は、「知識」をインプットする場面が多い学校教育では十分にできない体験を通じて、他者や外界と関わる、関わり方の学びによって「生きる力」・「暗黙知」を獲得することであると考えられる。

　そして、自然学校の教育には、概念学習を中心としている学校教育にはない教育の場を補完する役割があるといえる。さらに、自然学校の教育と学校教育は連携するべき役割があり、そこに新たな教育の可能性が考えられる。

4.　自然体験、体験学習と概念学習

　「自然体験」をベースにした活動プログラムや「体験から学ぶ」という体験学習が、ほとんどの自然学校が取り組んでいる学びの特徴である。学びの手段としての〝体験〟の重要性に関して、近年大きく影響したのは、96年に中教審が「生きる力」を育むために「体験」が重要であると示したことである。

　自然学校の教育のベースにある自然体験と体験学習は教育を取り巻く歴史的な経緯から時代時代でその教育的な役割としての重要性やその評価、とらえ方が変化してきている。概ね以下のような変遷をしている。

①1850年頃までの産業革命以降のヨーロッパで広がっているラテン語で知識を獲得するラテン教育に対して、デンマークのグロントビーがラテン教育は競争を伴う〝死の教育〟と指摘し、試験はなく対話から学ぶ競争がない教育への価値観の転換を示した。
②1910年〜1920年代には、自然体験活動が、遊びやレジャーレク

リエーションとしてではなく青少年教育としての教育的価値を評価されるようになる。

③1940年代には、クルト・ハーンが設立した冒険学校OBS（Outward Bound School）に見られるように青少年への教育的効果が評価されるようになった。OBSの影響を受け1960年代にはアメリカを中心に冒険体験から学ぶ実践や研究が進みPA（Project Adventure）が生まれ普及した。日本もOBSやPAの手法が70年代以降に導入される。

④1957年、アメリカでスプートニックショックが起こり、1960年前後に科学教育重視の教育改革が進んだ。後に日本の教育にも影響する。

⑤70年代に入り「自然保護教育」運動の自然体験学習が環境教育・野外教育として青少年教育の一環として取り組まれるようになる。欧米で発展してきた教育手法からの影響を受けて活動を展開してきた自然学校は少なくない。多くの自然学校が自然体験活動を「体験学習法」という教育手法で展開した。

⑥1996年、中央教育審議会が「生きる力」を提唱し、それを育むためには経験が必要と答申した。「自然学校宣言シンポジウム」など、この年を境に自然学校が取り組む自然体験活動の重要性が改めて指摘され始める。その後急速に国内に自然学校が広がりを見せた。

⑦2000年以降に学校現場でも自然体験活動の取り組みが進められた。1996年の中央教育審議会が示した答申の中で「生きる力」とそれを育むために示された「社会体験」「生活体験」「自然体験」の体験活動の重要性が指摘され公教育においても体験の重要性が見直された。答申を受け、学習指導要領が変更されて「総合的な学習の時間」が新設された。

⑧省庁再編で文部省と科学技術庁が文部科学省となり、2001年、21世紀教育新生プラン〈レインボープラン〉と「学習指導要領とは学習の〝最低基準〟を示したものである」という大転換を示した。

これまでの学習指導要領は教えるべき教科の内容や時間をあげ国が全国一律に示した厳格な「基準」であったが最低基準という認識に転換したこと、さらに「総合的な学習の時間」という、学習指導要領と教員免許に束縛されない学びの機会が公の学校現場にも認められた。

5. 学びの対象の考察

自然学校が取り組む教育の特徴を示す「何を中心に学ぶのか？」という学びの対象に、アンケートでも抽出された「生きる力」がある。1996年の中教審では、「生きる力」とは「いかに社会が変化しようと、自分で課題を見つけ、自ら学び、自ら考え、主体的に判断し、行動し、より良く問題を解決する資質能力であり、また、自ら律しつつ、他人とともに協調し、他人を思いやる心や感動する心など豊かな人間性であり、そして、たくましく生きていくための健康や体力である」としている。また、同答申では、「生きる力」の育成方策として、「体験」の重要性を指摘し、生活体験・自然体験の機会の増加を求めている。ここで指摘されている体験を通じて獲得するとしている「生きる力」は〝暗黙知〟〝経験的知〟であり、今日公の学校での学びの中心となっている概念学習で獲得する〝形式知〟〝科学的知〟と大きく異なったものである。

野中ら[11]が『知的創造企業』の中で定義した「暗黙知」「形式知」と星野[12]が示した「体験的知」「科学的知」を学びの対象として、2つの知の存在を通じて自然学校の教育の特徴を整理した [図5▶1]。

第2節　自然学校が持つ教育力

アンケートで抽出された「体験から学ぶ」「体験学習」「公教育でできない教育」は、どのように学ぶのかという自然学校の学びの方

暗黙知（体験的知）	形式知（科学的知）
〝言葉や図では表現できない知〟	〝文字や記号・図で表現できる知〟
▶体験学習でしか得られない知 ▶経験や訓練で培われたスキル ▶物事の見方・考え方・雰囲気・感性 ▶アナログ的（実務）・現在の知識 ▶感情・EQ・右脳 ▶主観的・個人能力の依存度が高い	▶主に概念学習で得られる知 ▶社会的な知識・客観的な知識 ▶理論的に習得できる知識・理論 ▶デジタル的（理論）・過去の知識 ▶理性・IQ・左脳 ▶客観的・個人能力の依存度が低い
例）人間国宝の技能。勘・読み・五感。言葉で学ばなくても視覚的・体感的に覚えることで伝達される「職人技」	例）自然科学の知識。マニュアル・手順書著作物・ノウハウ書・教科書

[図5▶1]〝暗黙知〟と〝形式知〟

著者作成（2004作成、2012改訂）
参考資料：野中郁次郎・竹内弘高『知的創造企業』87-90頁（東洋経済新報社, 1996）
星野敏男「野外教育情報vol.20」9頁（財団法人日本教育科学研究所, 2012）

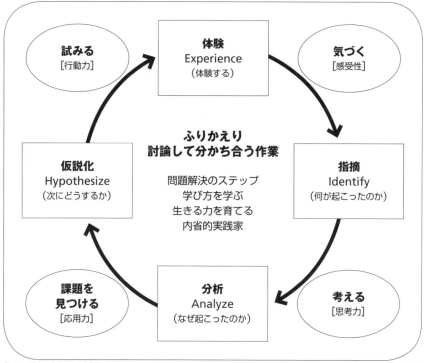

[図5▶2] 体験学習の循環過程

津村, 2012, 6・85頁をもとに著者作図

法の特徴である。自然学校では体験学習 [図5▶2] という教育の一つの手法を中心にその教育活動が行われている。それは、暗黙知を中心に学び経験や訓練で培われたスキル、物事の見方・考え方・雰囲気を読む能力などを育む教育と見ることができる。一方、今日の公の学校は、概念学習（教科学習）を中心に概念化された知識をより多く〝覚える〟ことを求める形式知の学習を中心にすえている。言葉や図に表現できる知識、社会的な知識・客観的な知識、理論的に習得できる知識の獲得を中心に教育を行っていると見ることができる。

　自然学校での自然体験活動を通じた体験学習の場面や、その他不登校・引きこもりなど他者や社会との関わりに課題を持ち、自立の支援を必要としている児童・生徒・学生の指導・支援などは公の学校では様々な事情で限界があり対応ができない部分も多い。体験学習の場面と自立支援の場面では自然学校がその役割を担うケースがある。自然学校が持つ教育力の特徴のひとつには、体験学習法という一つの教育方法を使って「生きる力」を育むことにある。近年、被災地で活躍した自然学校の関係者はじめ自然体験が豊富なボランティアの行動力は「生きる力」から発揮されている。

　さらに、自然学校が持つ教育力に関した問いから得られた回答の中で「生きる力」に関連するキーワードは次のとおりあげることができる。

- 生きる糧・危険予知能力・危険回避能力・健全健康
- 肯定的な創造力・自身の内発的な・自己学習・応用力・人間力・主体性
- 知識をつないで使う力・判断・主体性・創造性・現象の受け止め
- 実践の場の教育力・実体験・協力信頼・諦めない・できる工夫
- 行動として起こす乗り越える力・人と関係・コミュニケーション・協力

これらの言葉から、自然学校が持つ教育力は今日社会が必要としている社会を生き抜く人材の育成に貢献できる可能性があると考えることができる。

　町田[13]は「やはり、こんにちの日本がなによりも必要としているものは、龍馬のごとく創造力と行動力をかねそなえた〈野生〉的人間なのである」と指摘している。自然学校が取り組む自然体験や冒険体験を通じた教育の取り組みは、創造力と行動力を育み未来を拓くために必要な役割があると考えられる。また、レスターブラウン[14]は、必要なのは想像力とリーダーシップであると述べ、「気候が危機的な状況にある事が決定的になった場合、どれくらい迅速に世界経済、特にエネルギー経済を再構築できるのか」と創造力と行動力について指摘している。「これまでのアメリカの自動車産業の取り組みを例に挙げ、様々な課題に直面して解決をしてきた。……技術は既に存在する。今必要なのは、想像力とリーダーシップであり、課題の解決は可能なことです」とし、まさに、「課題を見つけ、自分で学び、自ら考え、主体的に判断し、より良く課題を解決する資質や能力」であり、それは多くの自然学校が実践をしている自然体験や冒険体験で培われ、今日の社会が必要としているのは「生きる力」であることを示している。

　長野県泰阜村で80年代後半から事業を展開しているグリーンウッド体験教育センターは、キャンプだけではなく、長期の寄宿の事業「山村留学」を展開してきた。親元から児童生徒を預かり、地域で暮らし、スタッフと共に暮らしを創造する活動の過程を体験することで学び合い、彼らが抱える課題の解決や成長・自立の支援を行っている。

　辻[15]は、「このような事例は、特に公の学校の教員が、自然学校が取り組む『体験教育』という教育的手法を理解し、自然学校が持つ教育環境、生活環境、さらに自然学校の担当職員の専門性を理解している場合に限られている。これまでは公の学校の関係者が、自然学校が持つ体験教育という教育の手法の専門性や役割に理解、関

心がないケースが多く、連携を妨げていた。」と指摘している。このような活動を20年以上にわたって取り組んできたことが地域の公の学校現場からも評価され、地域社会の一員として行事や役割を担い、公の学校の担当教員と連携する事例である。

　橋迫[16]らは、都市においても都市化の進行によって顕著になっている核家族化や地域コミュニティの崩壊などと言われる地域では、家庭や地域住民の連携による教育力の再生の必要性を指摘している。

　他地域でも公の学校の教員の「体験教育」「体験学習」への正しい理解の度合いが高ければ、自然学校と公の学校が連携し、「教育」という社会的な役割を担う可能性があると考えられる。前節3項で示した川嶋の指摘している「先生は教える人からファシリテーターになる事が必要でファシリテーター型教員を育てることは、自然学校が取り組んできたことを教員へ活かすこと」「何のために学ぶのかを問い、これまでの公教育の教科である国語・社会・数学等の中でもESDいわゆる、持続可能な未来をつくる社会をつくる人のための教育が必要である」は、公の学校の教員の役割の変革を伴った場合の自然学校が公の教育に貢献できる可能性を示していると考えられる。また、「生きる力」が欠如し、他者や社会との関わり方に課題を抱える青少年の支援においては、対象児童生徒を取り巻く状況の情報交換をし、対応の方針を共有して自然学校と公の学校のお互いの役割を理解しあい担うことで課題が解決できる可能性が考えられる。

　これらの指摘から、自然学校が持つ教育力は、学校、家庭、地域の連携に加わることができる第4のセクターとして連携し、その中で新たな役割を見出すこともできると考えられる。

　多くの自然学校がこれまでに主体的に理念を持って教育活動に取り組んで来ていることと、自然学校が持つ特徴や役割を明確に示した連携を提案することで地域の教育力を支援し再生する一翼を担うことができるのである。社会が自然学校という教育を担う事業体に

対する理解を進め、公の学校や、地域社会と連携する機会が増すことは、我が国の人材育成を含む教育の課題の解決への鍵の一つになると考えられる。「自然学校」という業態が地域の中でこれまでにない新たな教育での社会的な役割を広げる可能性がある。

自然学校が取り組んできた「体験から学ぶ」「生きる力を育む」という教育的手法に広く理解を得て実施できる「体験教育」「体験学習」をベースにした教育力である。

第3節 企業研修と人材育成

自然学校がその教育力を活かした「指導者養成」「人材育成」に取り組む事例は少なくない。企業人としてどのような人材育成が求められているか、どのような能力の育成が必要であるのかについて、高木[17]は、「社会人基礎力」について以下のとおり論じている。

「社会人基礎力」とは経済産業省が提唱した「職場や地域社会の中で多様な人々と共に」仕事を行っていく上で必要な「基礎的能力」で、3つの能力と12の要素で構成されている。

①前に踏み出す力（主体性・働きかける力・実行力）
②考え抜く力（課題発見力・計画力・創造力）
③チームで働く力（発信力・傾聴力・柔軟性・情況把握力・規律性・ストレスコントロール力）

この「社会人基礎力」である3つの能力と12の要素の多くは、アンケートでも抽出されたように、自然学校が取り組む教育で目指している要素と概ね共通している。

第5章、第1節、2項の(2)で触れた冒険体験を通じて行われるアウトワード・バウンド・スクールは「自発的に一歩踏み出しチャレンジする力を育み、そして他者との関わりを学ぶ」という教育で

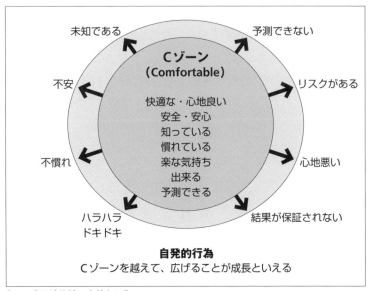

[図5▶3] 冒険体験の定義とCゾーン
難波克己(2006)玉川大学学術研究所紀要第12号、107-114頁をもとに著者作図

ある。冒険教育で定義されているCゾーン[図5▶3]から踏み出す体験に教育の特徴がある。自然という学びのフィールドと体験を通じて学ぶという自然体験や冒険体験は、企業が求める人材育成に有効であると考えられる。自然学校は子どもの教育に止まらず、企業研修や指導者養成も含めて広く人材の育成の事業に十分に取り組める可能性を持っている。

自然学校の歴史的背景と教育的役割

　自然学校が取り組んできた体験教育の特徴と関連する、近年の教育の歴史的な背景は、特に1996年に文部大臣(当時)の諮問機関である中央教育審議会が示した答申の中で「生きる力」とそれを育むために示された「社会体験」「生活体験」「自然体験」の体験活動の重要性が指摘されことである。公教育においても体験の重要性が見

直されたことによる変化を見ることができると思われる。第3章、第4節、2項でも示したように、学習指導要領が改訂され、学校現場で体験教育を取り入れられることとなり、「総合的な学習の時間」という新しいカリキュラムが生まれている。「総合的な学習の時間」は、学習指導要領と教員免許に束縛されない、これまでになく公の学校現場の自由度が認められた歴史的な転換でもあった。自然学校の教育的な役割を示すため以下の四者の知見をあげる。

　高木[18]は、「公立の学校が、現場の先生が、この自由に耐えられるのか」という懸念を示し、さらに「戦後にこの学習指導要領に猛烈に反対した日教組には国定カリキュラムではなく教師自らの手で教育内容を決めていくという理想に燃えた教師がいたが、いきなり国から自由度が与えられ途方にくれ『指針を定めてほしい』という基準を求める声が大きくなった」と現代の教師の自由度に対する対応力に対して指摘をしている。

　西村[19]は、第1章、第1節、4項でも示した「自然学校はその活動領域、社会的役割、地域におけるポジショニングを著しく拡大させ、『持続可能な社会を築いていくための学習拠点』へと更なる質の変化を遂げていくことが望まれている」と指摘しているように、社会の歴史的な変化と自然学校活動が関わる領域の変化について言及をしている。特に比較的自然環境に恵まれた農山漁村などの地域で活動している自然学校ではそれぞれの地域の実態に沿って様々な役割を担っている。

　野田[20]は農山村において教育的意義がある経験を提供する自然学校の教育活動を分析している。農山村を拠点に展開している「自然学校」が「人間の成長と自然との共生」という持続可能な社会の実現を目指す教育実践として注目されていることを指摘し、経験の概念の整理を行い戦後批判されていた経験主義に対して、自然体験学習の教育的意義がある経験についてその意義を明らかにしている。

　広瀬[21]は、3.11東日本大震災以後の自然学校関係者が被災地で活動した中で、「自然学校とは子どもたちの野外教育や自然体験活動

はもちろん、地域の様々な課題解決にも取り組む民間の環境教育団体の総称で、被災地の課題を解決する活動を『被災地型自然学校』と呼んでいる。これらのように自然学校の教育活動の領域は広がる可能性を含んでいる」と指摘している。

　前節・前々節で示した「体験から学ぶ教育」「生きる力を育む」という自然学校の教育の特徴をアンケートの回答で得られたキーワードと上記の四者の指摘から教育的役割としては以下のように考えることができる。

　自然学校が行う「体験から学ぶ教育」は公教育の範疇だけでは十分に対応しきれないということ、これから期待されることとして、持続可能な社会のための地域の学習拠点としての可能性があること、さらに災害に対する教育にも可能性があることなど、これまでにない教育的役割の広がりを期待されていることが指摘されている。

　これまでは、自然学校が行う「体験学習」「体験教育」の社会的な評価が十分になされなかったという歴史的な背景があった。今後は、自然学校が取り組む「生きる力を育む」という優れた教育の方法が、地域や社会に理解されることが進むことによって、自然学校の教育的役割が発揮され評価される機会が増すと考えられる。

　自然学校の教育力は、体験を通じて生きる力を育むという特徴である。生きる力は、自発性・主体性をもって動く力であり、主体的に自分ごととして地域の課題をとらえて、解決する人材の育成に、自然学校の教育的役割を担える可能性を示しているといえる。

第5節 まとめ

　自然学校の基軸のひとつに「教育」をあげた。アンケート・インタビューからは、「環境・置かれている情況」、「自分」「他者」などが自然学校の教育の特徴を構成する要素としてあげることができた[図5▶5]。

　体験教育の社会的な評価は歴史を追って変化し、多様化した社会と近年発生した震災の中で「課題を見つけ、自分で学び、自ら考え、主体的に判断し、より良く課題を解決する資質や能力」という「生きる力」が社会に求められている。自然学校の教育の特徴である体験から学び、実践的な人材を育成する機会が我が国の教育の課題の解決への鍵の一つになると考えられる。

　新たに自然学校の役割を広げる可能性は、教育が、暮らしや生業と乖離することなく、自然学校が行う「体験学習」「体験教育」という優れた教育手法が学校教育と社会教育とで連動することで生ま

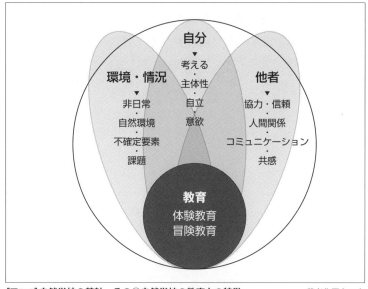

[図5▶5]**自然学校の基軸　その①自然学校の教育力の特徴**　　　著者作図(2014)

れる。

　体験教育の特徴は、体験の後にふり返る作業を行うことである。特に失敗したり、予定通りいかなかったりしたケースでは、何が起こり、なぜそうなったのか、こんどどうすれば良いのかを共有する作業が行われる。ふり返る過程において、「自分自身と向き合う」、「他者と向き合う」、「置かれている環境や状況と向き合う」ことが体験をより自分ごとにし、リアリティを持って目の前の体験を受け入れることになるという教育につながる。冒険体験を通じて行われるアウトワード・バウンド・スクールは「自発的に一歩踏み出しチャレンジする力を育み、そして他者との関わりを学ぶ」冒険体験の後にやはりふり返る作業をする。困難な課題に取り組む中で物事の失敗を恐れず、自発的に踏み出して取り組むという姿勢を育むことになる。冒険体験も結果が保証されていない未知のことへ向かう力が養われるので、子どもにとどまらず、大人にも必要な教育であり、様々な事業を推進する場合に最も重要な姿勢を育むことになる。さらに、地域の課題を解決するための人材の育成に自然学校が教育的役割を担う可能性も考えられる。

　従って、第5章で考察した、自然学校が取り組む教育手法である「体験教育」や「冒険教育」は、[図5▶5]で示した要素を含んでいる自然学校の特徴となる基軸であるといえる。

(注)

1) 山口久臣（やまぐちひさおみ）：1954年生。東海大学海洋学部海洋資源学科卒業。昭和61年に野外教育、環境教育、国際教育の民間専門事業所「野外教育研究所IOE」を設立。一般社団法人アイ・オー・イー代表理事
2) 参考文献：清水満『生のための学校』(新評論、初版、1993年)
3) 佐藤初雄（さとうはつお）：1956年生 NPO法人国際自然大学校理事長。83年国際自然大学校設立。NPO法人自然体験活動推進協議会代表理事、日本野外教育学会理事等を兼務。環境省・文部科学省・農林水産省の各種研究会委員を歴任。著書『社会問題を解決する自然学校の使命』(みくに出版)
4) アウトワード・バウンド（Outward Bound）は、出港準備をしている旗を指す。ドイツの教育者クルト・ハーンが1941年にイギリスのウェールズで設立した冒険学校。その後、冒険教育をベースに野外活動、サバイバル訓練等、相互信頼とチームワークを培う社会教育の仕組みとして世界各地に広がった。
5) 国際自然大学校NOTS：National Outfitters Training School
6) 小倉宏樹（おぐらひろき）：1972年生。東京大学在学中に、日本テレビ「スクスクスクール」のキャンプカウンセラーをしたことがきっかけで野外教育に関心を持つ。丸紅株式会社入社後も、休暇を利用して環境教育の活動を行うが、軸足を移すため1999年6月に退職。2000年3月沖縄に移住し、2004年1月より独立し、よみたん自然学校を開校。乳幼児とお母さんを対象とした自然育児クラブ、観光客を対象としたよみたん型ツーリズムを実施。2005年4月より、学童「わらばーくらぶ」事業、2007年4月より3年保育「幼児の学校」事業開始。
7) 参考文献：ダニエルブリーンバーグ『世界一素敵な学校―サドベリー・バレー物語―』
8) 佐藤初雄（さとうはつお）：NPO法人国際自然大学校理事長。
9) 辻英之（つじひでゆき）：NPO法人グリーンウッド自然体験教育センター代表理事 立教大学非常勤講師、飯田女子短期大学非常勤講師　長野県泰阜村に移住しへき地山村に根ざした山村留学や自然体験教育キャンプ等を進めることを通して、「何もない村」における「教育」の産業化に成功。村の暮らしの文化に内在する教育力を信じぬき、子どものみならず青年や地域住民等、関わる人々全てに学びがある質の高い体験活動の提供を目指している。
10) 川嶋直（かわしまただし）：公益社団法人日本環境教育フォーラム理事長、NPO法人自然体験推進協議会理事、日本環境教育学会理事、ESDの10年世界の祭典推進フォーラム理事
11) 野中郁次郎、竹内弘高『知的創造企業』、87-90頁（東洋経済新報社、1996年）
12) 星野敏男「野外教育情報vol.20」、9頁（財団法人日本教育科学研究所、2012年）
13) 町田宗鳳『「野性の」哲学―生きぬく力を取り戻す』、107頁（筑摩書房、初版、2001年）
14) レスターブラウン「地球環境　危機からの脱出」、42頁（ウェッジ、初版、2005年）
15) 辻英之：NPO法人グリーンウッド自然体験教育センター理事長インタビュー

16) 橋迫和幸・川崎直幸『「生きる力」の育成と地域の教育力再生の課題―宮崎県小林市のアンケート調査から―』宮崎大学教育文化学部紀要第21号, 33-56頁 (2009)
17) 高木幹夫 + 日能研『予習という病』, 110-112頁 (講談社, 2009年)
18) 高木幹夫 + 日能研『予習という病』, 40-41頁 (講談社, 2009年)
19) 西村仁志「日本における「自然学校」の動向―持続可能な社会を築いていくための学習拠点へ―」同志社政策研究8巻2号, 31頁 (2006年)
20) 野田恵「環境教育における「経験」概念の研究　農山村における自然体験学習の経験主義的基礎付け」東京農工大大学院博士論文 (2010年)
21) 広瀬敏通『災害を生き抜く　災害大国ニッポンの未来をつくる』, 2頁 (みくに出版, 2014年)

第6章 自然学校の連携の特徴

自然学校の特徴には、「教育」の他、「人と人」「人と自然」「人と社会」を〝つなげる〟〝つなぐ〟というキーワードがある。この章では、自然学校の2つ目の基軸「自然学校」と「社会関係資本」について考察を行う。

第1節 自然学校の「つながる」特徴

1. 自然学校の「社会関係資本」を構成する要素

　自然学校が持つ「社会関係資本」に関連するアンケート「②自然学校が捉えている社会関係資本の特徴にあげられることがありますか」(P.161アンケート用紙参照)という項目の回答から以下の33個のキーワードが得られている。自然学校の基軸としての「社会関係資本」を構成する要素をこれら得られたキーワードから整理した。

【人】16個(48.5％)
・公教育との連携・学校・行政・住民・ボランティア・農林業家・地域の人・人
・群れ、多世代・人間関係性・地域づくり中間支援組織
・プランナー・プロデューサー・コーディネーター・マネージャー・ファシリテーター

【自然】6個(18.2％)
・自然・自然・自然エネルギー・循環・地域自然資源・生物多様性

【社会】6個(18.2％)
・地域・社会性・持続可能な社会・遺伝子社会性・社会貢献事業・地域づくり

【経済】4個(12.1％)
・経済との関係・社会行為(開発行為)・地域文化・自然保護保全

【その他】1個(3.0％)
・行政施設

2. インタビューから「つながる」特徴について

　自然学校の使命や役割を伝える言葉として、「人と人」「人と自然」「人と社会」をつなぐという表現がある。自然学校関連の団体で良く使用されるこの表現が、自然学校の特徴であるとするならば、この言葉が意味することを整理し、確認をしておきたい。

　日本の草分け的な自然学校の一つ国際自然大学校を立ち上げた佐藤[1]は、インタビューで以下のように自然学校の特徴を述べている。

> 「キャンプそのものが人との関わりを学ぶ場、そして、実社会でも同じことをやっている。自然学校という新しい事業を立ち上げる時にキャンプで学んだコミュニケーションとか、誰かに協力を仰ぐとかキャンプで培った経験やノウハウが実社会で活かされている。企業や行政へつながったり、情報を求めたりすることが自然に備わっている。
>
> 　自然学校のネットワークは80年代のはじめはなかった。1987年から始まった清里ミーティングがきっかけで全国の小さな点が線へとつながった。フォーラムをきっかけに、JON[2]やCONE[3]などのいくつかのネットワークをつくる動きになった。時代的なニーズもあった。」

　同じく、80年代はじめから山梨のキープ協会でエコロジーキャンプを始めた川嶋[4]は、以下のように述べている。

> 「87年から始まった清里ミーティングで自然学校の関係者がつながるネットワークづくりの雰囲気ができた気がする。清里ミーティングを象徴として顧客のパイのとりっこではなく、みんながより能力や技術や考え方を高める。お互いがオープンにすることが重要だとみんなが思い、みんなのスキルをアップする。それを実感したのは、全国で34名の自然学校の指導者で

構成して協働で取り組んだ文科省・野外教育企画担当者セミナー[5]であった。これができたのも清里フォーラムでの人のつながりがあった。
　　そして、自然学校の人は協働に躊躇しない。臆病ではない・ポジティブである。自然学校は大量生産ではない、在庫を抱えないので大手のビジネスモデルと異なり、オープンにしても所詮問題ないという背景があるので、オープンにつながれるのだろう。」

　以上の両氏のインタビューから、キャンプなど人と関わる事業を行う自然学校の初期の関係者は、自ら人とつながろう、関わろうとすることを躊躇なくできる体質になっているといえる。それは、自然学校の事業の多くは自然体験の活動プログラムであり、プログラムの実施に際して考慮しなければならない事項を明らかにしてその関係性を考慮しなければならないからである。体験を通じて「参加者と自然環境」、「参加者同士」、「参加者と社会」の関係性を考慮することで成長を促すという教育の特徴から「つなぐ」という特徴が生まれると考えられる。

社会関係資本と自然学校

1.　「つなぐ」役割と社会関係資本

　「つなぐ」という言葉で連想できるのが、前述の両氏も再三指摘している「ネットワーク」である。単に「ネットワーク」といっても現代社会においては多様な意味がある。自然学校のつなぐという言葉でイメージできるのは、インターネット等の通信などを示すネットワークではなく、人や社会とのつながりによる「社会的ネットワーク」を指している。「社会的ネットワーク」という術語は社会

学や人類学、政治学の領域で使われている。

　社会学や政治学では、この「社会的ネットワーク」を「社会資本・社会関係資本（social capital／ソーシャル・キャピタル）」の一つであると指摘している。自然学校の一つの特徴として、この「社会資本・社会関係資本」の視点で検討を試みる。

　稲葉[6]は、『ソーシャル・キャピタル入門』の中で、「社会関係資本の概念は、英語のsocial capitalで、直訳すると『社会資本』だが、これでは道路や橋などの社会インフラと誤解されてしまうので、最近では『社会関係資本』という言葉が定訳になりつつある。経済学では、資本とは、生産にあたって必要な要素（資本、労働）のひとつだが、この場合は、現金や債権などの金融資本ではなく、建物や設備などの物的資本であり、それに加えて労働者の教育や健康度を示す人的資本も含まれる。社会関係資本は建物や設備などの物理的な資本や、教育など反映した人的資本などと似通っている部分もあるが、大きく異なる部分もある」としながら、社会関係資本の概念の整理を試みている。

　さらに、稲葉は、1916年のリダ・ハニファンの「アメリカ社会政治学年鑑」論文の中で、「（ソーシャル・キャピタルとは）不動産、個人の資産、現金など有形な物を人々の日常の中で最も有効にするもの、すなわち、社会単位を構成する個人や家庭間の社会的な交流、善意、仲間意識、同情などであり、ほとんどの場合、必然的にその中心は学校である」とし、ハニファンの考察を「コミュニティの中での人々の交流が独自の価値を持つという指摘であり、今日におけるソーシャル・キャピタルの定義に十分通用する」としている。

　社会関係資本の概念の中では、コミュニティの中での〝学校〟という存在が非常に大きな役割を担っている。自然〝学校〟という事業体が他の事業体と異なって、地域で社会関係資本を活かしやすい特徴はここにある。

2. 廃校を活かした新たな社会関係資本の形成

〝学校〟という存在が役割を担っている事例が、北海道の黒松内町の廃校になった学校の校舎を拠点に展開している〝ぶなの森自然学校〟である。

高木[7]は、地域のスモールビジネスとして自然学校について次のように述べている。

> ぶなの森自然学校は、自然豊かな第一次産業地域に立脚した自然体験・地域産業体験型学習プログラムを開発、実行する事により、それらに関わる人々（プログラムの参加者、実施者、地域住民）が相互に影響を与え合いながら自ら育つ「相互学習」を促進する「交流拠点」と「交流の仕組み」を創造すべく活動を展開している。つまり、交流の拠点と仕組みを整備する事により、より多くの人々が、自然学校に関わりをもつことができるようになり、複合的かつ交錯的な「交流」が広がり、プログラム開発の更なるシステム的な発展ができると考えている。つまり、経営資源を使って「交流」というビジネスを生み出す社会的起業である。

まさに、ぶなの森自然学校は、自然学校そのものが、ハニファンが指摘するソーシャル・キャピタルになる事例といえる。

稲葉[8]は、ネットワークとソーシャル・キャピタルについて以下のように述べている。

> 1961年ジェイン・ジェイコブス「アメリカの大都市の生と死」の中で「近隣地域における自治が機能するためには、人の動きの基盤に、近隣のネットワークを創りだしてきている人々の綿々たる継続性がなければならない。これらのネットワーク

は都市における不可欠なソーシャル・キャピタルである。つまりジェイコブスは、ネットワークをソーシャル・キャピタルとしてとらえた。自分を取り囲む他人との関係の中に存在している機械や建物のような物理的な資本や、人の頭の中に存在する人的資本は、設備や人といった単位で単独にとらえることができるが、ソーシャル・キャピタルは一人きりの世界では成立しない。人との関係が断ち切られれば、人々は有能な社会的存在として価値を失う。

　さらに稲葉は、「社会関係資本は『社会の文脈』の中で昔から存在をしていた」と指摘している。

　従って自然学校は「時代の変化」いわゆる、社会が変化する文脈の中で、社会に対応する独自性を持った集団や地域社会、さらにネットワークという「社会関係資本」を持ち、時代の新しい課題に取り組む注目すべき事業体であるといえる。

　神野[9]は、『人間回復の経済学』で経済学の視点から、社会資本（ここでは社会関係資本ではなく社会資本と記している）を以下のように解説している。

　　　北イタリアと南イタリアの地域社会を実証的に調査をして、北イタリアが南イタリアよりも経済的発展という点ですぐれているのは、北イタリアには強固な人間のきずなが存在していることを明らかにしている。こうした人間のきずなを「社会資本」と呼ぶと、経済発展にとって人間のきずなとしての社会資本が決定的な役割を演じることをパットナムは明らかにしたのである。スウェーデン政府も、企業振興にとって社会資本が決定的重要性をもつと強調している。企業活動にとってだけではない。政治活動や公共活動にとっても、社会資本が決定的に重要だと

しているのである。

　自然学校が地域に根ざして行う事業は、ぶなの森自然学校のように、より多くの人々が、自然学校に関わりを持つことができるようになり、複合的かつ交錯的な「交流」が広がる、まさに「社会関係資本」の活用が重要なポイントになると考えられる。一方社会関係資本は人間関係、いわゆる〝絆〟が大きな要素となるので、第3章、第5節、3項で触れた、日本のコミュニティの特徴の視点から考察すると、地域のコミュニティは「〝身内〟あるいは同じ集団に属する者の間では、過剰なほどの気遣いや同調性が強く支配する反面、集団の『外』にいる人間に対しては、無視か潜在的な敵対関係が一般的である」と解説したように、自然学校が「ソト」から入り込む事業体であれば、最初から社会関係資本は存在していないことになる。自然学校が地域で社会関係資本を活かすということは、事業を展開しながら社会関係資本を生み出していることになるのではないだろうか。「人と人」「人と社会」をつなぐことが多くの自然学校の使命や理念にあげられている現状から判断するならば、自然学校の創設者・経営者のアンケートやインタビューからも、自然学校は「社会関係資本」を常に意識し、自然学校の事業経営や運営に取り入れていると考えられる。

第3節　地域の拠点としての自然学校の可能性

1.　自然学校関係者の地域の拠点としての意識

　前節で自然学校が地域で活動する中で「社会関係資本」を常に意識し、自然学校の事業経営や運営に取り入れていると考えられることを示した。ここでは、アンケートやインタビューから自然学校は地域でどのような役割があり、今後地域でどのような役割の可能性

があるのか考察する。

　山口[10]は、「自然学校事業こそ、コミュニティ・ビジネスそのものであり、『自然学校』事業を経営する組織こそ、具現化した〝社会的企業（Social Enterprise）〟なのである。……『自然学校』事業が盛んになることは、地域づくりに大いに寄与することになる」と述べている。さらにインタビューでは、「自然学校は地域づくりの中間支援組織である」と明言し、自然学校の次の役割をあげている。

・地域づくりのプロデューサー
・地域づくりのコーディネーター
・地域づくりのプランナー
・地域づくりのマネージャー
・地域づくりのファシリテーター

　李[11]はインタビューで、「日本の自然学校は、地域を大切に地域の資源、地域の人たち、地域を考える。話し合える拠点として機能している。欧米の自然学校はアクティビティ中心で地域問題へ関わっていない。外の資本がリードするのではなく、地域の人が関われる仕組みが実践できる拠点としての自然学校の役割に期待している」と回答している。

　また、高木[12]は、「持続的な自然学校の経営には、地域の独自性あるコミュニティの再生に貢献するという目標を掲げ、自然学校そのものが『人と人』が寄り添いつつ生活できるコミュニティモデルとしたい。……地域行政とも協働し、産業、福祉、教育など地域への関わりを深めていく必要がある。そのためには、まず地域を改めて見直すことが大切である。そして、自らの生き方、暮らし方に誇りを持つ必要がある」と指摘し、地域コミュニティの中での社会関係資本の活かし方の根源を示唆している。

　自然学校事業が地域の新たな事業拠点になるケースは様々考えら

れるが、地域との関わり方に関して様々な意見や議論があるところである。地域との関係性を盛り込んだ事業計画は出されるが、その事業の主体が誰にあって、誰が持続的に事業を遂行するのか曖昧になって事業が進まなくなるケースがある。自然学校は、地域事業の拠点になる事業体として具現化した〝社会的企業（Social Enterprise）〟になりうる可能性を持っていると考えられるが、その前提として誰が主体的に取り組み、その主体がどのように地域とつながるのかが重要になると考えられる。

2. 地域の課題から生まれた役割

それぞれの地域にはそれぞれの地域の課題がある。自然学校もそれぞれの設立の背景や活動領域も異なり、展開されている事業や、地域で担っている役割も多様である。アンケートやインタビューには、各地の自然学校が地域に根ざして地域の課題に取り組む以下の回答がある。

「昔の日本社会の地域づくりの担い手だった青年団が激減し、その役割を自然学校が担うべく使命がある」、「地域づくりの具現化の一つであるCB化、SB化の具現化の一つが自然学校である」、「地域の青少年教育、生涯学習の拠点になって行く使命がある」、「自然学校事業は、自然あっての活動であり、必然的に地域の自然保護・保全の大切さを理解し、責任ある行動及び社会づくりに役立つ役割を担う」、「常に自然エネルギーとパーマカルチャーのある暮らし方『見える化』に尽きる」、「社会教育では一定の評価、学校教育への理解はまだまだ、持続可能な地域づくりのコーディネーターとしての役割が大きい」、「地域で唯一の環境教育展開の事業所の役割と、それぞれの地域での環境社会に対しての役割」

以上はアンケート調査で回答された事項である。いずれも地域で活動することで見えて来る課題であり、それぞれが持つ地域での関係性からその解決に取り組んでいる。

また、地域での獣害問題に取り組んでいるケースがある。特に西日本では、イノシシや鹿など野生動物による農産物の被害や山林の荒廃が深刻な地域がある。そのような課題を抱える地域で活動している自然学校[13]では、スタッフが狩猟の免許を取得し、地域の獣害対策のための野生動物の狩猟に取り組み、この活動を通じて野生動物と人間社会の関わり、野生動物を取り巻く現状を学ぶ機会を提供したり、食肉（ジビエ料理）としての活用や地域の新たな資源活用を検討したり、これまでにない役割も期待されている。

　高木[14]は、「農山漁村地域に立地している自然学校の役割は、こうした地域に本来ある懐深い教育力、コミュニティ性を資源として、地域に住み暮らす人たちの協力を得て、来訪者にも地域の当事者にも第一次産業地域の価値を再認識するプログラムを提供することにある。」と指摘し、自然環境と最も密接な関係で成り立っている農山漁村の一次産業の再生について自然学校の力に期待を示している。

　農業就業人口の低下や農業の低迷から、ホールアース自然学校[15]はこの問題を受け、2011年の農業生産法人「ホールアース農場」を設立している。その目的は、農村が直面する問題に対して「当事者」「実践者」として向き合い、地域の多様な主体と連携しながら「解」を見出し、行動してゆくことにある。従来、農業者に与えられていた農業生産という役割を超え、流通・人材育成・交流・教育・環境保全といった領域に活動を拡大している。

　森林資源の荒廃の問題や林業の課題に取り組むなど、森林を活動のテーマにしている自然学校[16]は数多くある。さらに、林業家と連携して新たな組織[17]を構成し、環境問題と森林再生の課題に取り組む事例もある。さらに、3.11の東日本大震災以後にエネルギー問題が顕在化したことをきっかけに、「自然エネルギー推進自然学校ネットワーク」[18]が組織され、エネルギーを取り巻く社会の課題に取り組む自然学校が相互につながった。

　特に自然環境と最も近い生業である一次産業の様々な課題を抱える地域に立地している自然学校は、地域とつながって地域の多様な

課題解決のための自然学校の役割が期待されているといえる。

これは、自然学校が持つ「つながる」という特徴が問題を解決するための方法の重要な要因のひとつであるといえる。

第4節 ESDの拠点としての自然学校

1. ESDとしての総合系環境教育の登場

自然学校は80年代後半から動き始めたネットワークでこれまでにつながっていなかった環境活動家、自然保護活動家、キャンプ、野外教育・冒険教育関係者などが様々な会合を重ねたことによって、事業体として認知され広がりを持ってきた。その経緯は第2章で示してきた。そして、第3章、第3節で触れたESDという概念と取り組みは、多くの自然学校の役割にも影響を与えてきている。アンケートとインタビューの結果からもほとんどの自然学校では、持続可能な地域づくり、サスティナブルな暮らし方を学び合える場、環境問題・政治問題・経済問題の解決、自然エネルギーと農的循環などESDに関連した理念、使命を掲げ、具体的に取り組んでいる。

阿部[19]は、持続可能な社会へ向けた活動の一つとして自然学校の活動をあげて、持続可能な開発のための教育の動き中で自然学校のESDの拠点としての機能を以下のとおり論じている。

> 持続可能性に関わる多様な主題（環境や経済、社会、文化など）を人と人とのつながりや、世界と他地域とのつながりの中で……持続可能性に関わる多様なステークホルダーをつなぐ装置としても機能している。日本の環境教育は自然と人だけではなく、人と人、人と社会との関係（つながり）に対する総合的な教育であり、ESDという側面を持っていた。

と指摘しているとおり、この機能や教育を有する可能性が自然学校にあると考えられる。

さらに阿部は、第3章、第6節で記した「内発的発展」についても「地域内の様々な資源（自然、歴史、文化、人材など）を活用し、地域内で持続的に循環させることで経済活動や教育、福祉、医療などを充実させる」という考え方にESDとの類似性を認めている。

地域の持続可能な社会を創造するために自然学校の教育の特徴「生きる力」を育むことと類似する内発的発展は、自然学校に関わる人材に共通して存在する自発的な行為を重んずる志向性によっても導かれるのではないかと考えられる。

2. スウェーデンのESD的な取り組み

ESDの拠点として地域で新たな役割を担う自然学校の可能性について前項で触れたが、教育現場で早くからESD的な考え方に取り組んでいる事例を北欧のスウェーデンやデンマークに見ることができる。早くから北欧の自然学校の事例に注目してきた阿部[20]・川嶋[21]は、2010年3月22日に「スウェーデン自然学校特別シンポジウム」を、主催：立教大学、共催：立教大学ESD研究センター・財団法人キープ協会で開催した。100年以上の歴史があるスウェーデン野外生活推進協会[22]の取り組みと森のようちえん・ムッレ教室[23]が紹介されている。

また、スウェーデンが早くからESD的な概念で地域づくり、社会づくりを進めることができた歴史と社会背景として、スウェーデンに伝統的に存在する国民運動があげられることを神野[24]は、以下のように指摘している。

> スウェーデンの「環境」という教科書では、人間には所有の欲求と存在の欲求があると教えている。工業社会は、人間が自然と結びつきたい、人間と人間が結びつきたいという存在欲求

の犠牲の上に、所有欲求を充足してきた。そのために工業社会は、大量生産・大量消費によって自然を貪り食う「強盗文化」を実現してしまった。こうした強盗文化に別れを告げ、存在欲求という高次の欲求を充足する情報・知識社会の建設を、スウェーデンでは呼びかけている。この伝統的国民運動と社会経済が結びついて90年代に地域社会再生のための地域開発グループが展開された。このように産業構造の転換を推進した草の根的国民運動に、地域開発グループとともに「学習サークル運動」がある。それは1800年代後半デンマークから学んだ教育運動で「地域住民の自発性」「政府の政策」「起業の経済民主主義的経営に関連づけられ、産業構造を転換させた」草の根運動である。こうした地域開発グループの目的は地域経済の再生だけではなく、「社会資本」の整備にもある。社会経済モデルでいうところの「社会資本」とは、人間の絆を意味する。つまり人間の絆を強め、地域社会の、民主主義を活性化することがめざされている。

このような草の根的な国民運動、いわゆる市民運動がESDの概念を社会に根付かせ、地域経済とともに実践をしている。この事例から学び、日本においても地域が抱える経済の課題や環境の課題を解決する方法として、自然学校が地域の拠点となって「社会関係資本」を強め「知識社会」を支えることに、地域での自然学校の役割の可能性を見ることができる。

特に教育という特徴も活かし、地域住民や多様な立場をつなぎ、ともに学びながら取り組むことができる関係性を構築して、新たな社会関係資本を生み出していくことが、日本における自然学校の重要な役割であると考えることができる。

第5節 自然学校と連携
（地域・企業・行政・NGO／NPO）

　自然学校は〝つながる〟ことを躊躇なく実践してきている。そのことによって、様々な運営形態と連携の形を生み出してきている。

　第2章、第4節で示した、自然学校全国調査の結果から自然学校の様々な運営のスタイル、連携のカタチがあることが見えている。特に2005年以降に多様化していることが顕著に現れている。

　広瀬[25]が報告した自然学校の類型例は以下のとおりである。

①「ネットワーク活用タイプ」
②「地域再生・農的暮らしタイプ」
③「社会企業推進タイプ」
④「地域・異分野コンソーシアムタイプ」
⑤「まちづくりNPOタイプ」
⑦「学校教育連携タイプ」
⑧「ツーリズム産業タイプ」
⑨「地域便利屋タイプ」

　さらに広瀬は、地域密着型自然学校の機能として、地域を再生する自然学校を取り上げ、次のような自然学校が持つ機能が有効であることを指摘している。

① 調査研究機能：観光交流資源、自然環境資源、生活文化資源の掘り起こし。人材発掘・育成機能：地域の有能な人材を活かし、地域外からも導入育成する。
② インタープリテーション・ガイド機能：来訪者への専門的な情報・魅力提供、発信。
③ 地域の教育力向上機能：学校、地域と連携して地域教育の推進役となる。

④地域再生機能：地域の農林漁業作業支援・ボランティア投入、クリーンアップ。
⑤地域コーディネート機能：人と人、人と地域、地域外とをつなぐ。
⑥災害救援機能：全国のネットワークを活かし迅速なレスキューと支援体制。

西村[26]は、自然学校の活動内容について興味深い指摘をしている。自然学校で取り上げられているテーマについて2000年以降取り組まれている比較的新しい領域もあることを指摘し、新しいテーマは外部の専門家との協働のもとに進められている、自然学校では、社会からの要請によって絶えず新しい活動領域が生まれ続けているとしている。

■従来からのテーマ（1980年代以前〜）
　自然体験活動・青少年育成・環境教育・冒険教育・アウトドア・スポーツ
　エコツアー・自然保護・自然再生・指導者育成・企業人教育
■比較的新しいテーマ（2000年代〜）
　持続可能な「暮らしづくり」（自給農、自然エネルギー、地域通貨等）
　食育・健康づくり・悩みを持つ青少年への支援（不登校、引きこもり、ニート等）
　地域振興・幼児教育（「森のようちえん」）・国際協力・被災地支援

以上、広瀬、西村が指摘しているように、自然学校は多彩な運営形態を持ち、事業領域も常に変化している。それぞれの地域で、自然学校がそれぞれの課題を解決するために、人と人、人と社会をつなぐためにコミュニケーション力、プログラム化する力を発揮して、事業に関わる人と協働するために「社会関係資本」を的確にとらえ

活かして地域の事業を創造できる可能性がある。

　従って、これまでに存在し得なかった新たな連携から新たな事業の展開の可能性が、自然学校と連携することで生まれる可能性があるといえる。

第6節　まとめ

　自然学校の二つ目の基軸に「つなぐ」「社会関係資本」を活用するという機能をあげた。自然学校の使命に「人と人」「人と自然」「人と社会」をつなぐという表現が使われているように、アンケートからもさらにそれらの要素を構成するキーワードがあげられた[図6‐6]。

　さらに、インタビューでも、自然学校関係者が積極的にネットワークに関わる体質や時代的なニーズがあったことも指摘されている。さらに、交流の拠点として期待をする指摘も多く、その仕組みを整備するためには、より多くの人々が、自然学校に関わりを持つことが必要で、それにより複合的かつ交錯的な「交流」が広がるシステム的な発展ができると考えられる。そのために自然学校の活動では常に他者との関わりや外界との関係性が意識される状況に置かれる。従って、自然学校は「社会関係資本」を常に意識し、自然学校の事業経営や運営に取り入れていると考えられる。

　特に地域に拠点を持つ自然学校は、地域とのつながり方の違いで事業の展開が大きく異なる。連携する地域の関係団体・関係者と顔が見える良好な信頼関係を得て、地域コミュニティの〝ウチ〟に入り込んで社会関係資本を活かすことが望まれる。自然学校には事業を推進しながら徐々にこのような関係性を構築している事例を見ることができる。また、躊躇なくつながるという特性から、異業種とつながる事例もあげられている。一次産業とつながり農業・林業・漁業の支援につながる事例、害獣の駆除など狩猟関係者とつながり

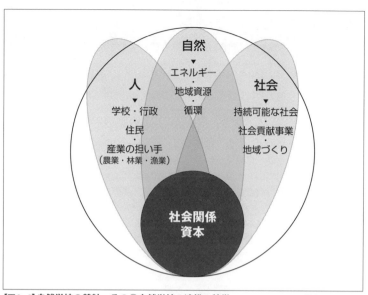

[図6▶6] 自然学校の基軸　その②自然学校の連携の特徴　　著者作図(2014)

さらにジビエとして食肉の流通につながる事例、林業から木質バイオマスや再生可能エネルギーとつながる事例、また今後は地域での多様性から持続可能な循環社会を実現するための教育であるESDの拠点としての機能を発揮することが期待されている。

　多くの自然学校がつながることに躊躇なく活動している。事業に関わる人と協働するために「社会関係資本」を的確にとらえ、活かして様々な連携の事例が生まれている。自然学校の取り組みが地域の事業を創造する可能性があると考えられる。「社会関係資本」の活用は、人間の絆を強め、地域社会の民主主義を活性化することである。自然学校の取り組みが、人と人をつなぎ、草の根的活動から地域の拠点となって「社会関係資本」を強めて地域の「知識社会」を支えることに、自然学校の役割の可能性を見ることができる。

(注)

1) 佐藤初雄：NPO法人国際自然大学校理事長
2) JON (Japan Outdoor Network) 日本アウトドアネットワーク：1993年に設立されたアウトドア活動の専門家・指導者・事業者のネットワーク組織。個人会員147名、団体会員65団体、賛助会員2法人 (2013年1月現在)
3) CONE (Council of Nature Experience) NPO法人自然体験活動推進協議会：2000年に発足した自然学校をはじめとする自然体験・アウトドア・環境教育などの分野で活動している全国の団体で構成される国内唯一最大のネットワーク組織。
4) 川嶋直：公益社団法人日本環境教育フォーラム理事長
5) 野外教育企画担当者セミナー：文部省 (当時) の委嘱事業で1999年度から3年間にわたり、専門的能力を持った指導者を育成するため実施。全国各地で実践的に活躍中の自然学校の指導者を講師チームとして国立青年の家・少年自然の家を会場にして開催された。
6) 稲葉陽二『ソーシャル・キャピタル入門　孤立から絆へ』、14-15頁 (中央公論新書, 2011年)
7) 高木晴光「地域のスモールビジネスとしての自然学校」ESD拠点としての自然学校, 39頁 (みくに出版, 2012年)
8) 稲葉陽二『ソーシャル・キャピタル入門　孤立から絆へ』、18頁 (中央公論新書, 2011年)
9) 神野直彦『人間回復の経済学』、124頁 (岩波書店, 2002年)
10) 山口久臣「「自然学校」事業の推進と地域づくり—地域づくりの拠点としての自然学校の役割」ESD拠点としての自然学校, 48頁 (みくに出版, 2012年)
11) 李妍焱：駒沢大学文学部社会学科准教授、日本と中国のNPOを研究。日中市民社会ネットワーク (CSネット) 代表。日本の自然学校の役割に着目して中国に自然学校をつくるプロジェクトを進めている。
12) 高木晴光「地域のスモールビジネスとしての自然学校」ESD拠点としての自然学校, 41頁 (みくに出版, 2012年)
13) 田歌舎 http://www.cans.zaq.ne.jp/fuajs500/index.html、ホールアース自然学校 http://wens.gr.jp
14) 高木晴光「持続可能な社会づくりに果たす自然学校の役割」ESD拠点としての自然学校, 38頁 (みくに出版, 2012年)
15) ホールアース自然学校、農業生産法人ホールアース農場：ホールアース自然学校グループの社会的使命 (事業レポート), 6頁
16) NPO法人やまぼうし自然学校 http://www.yamaboushi.org、NPO法人知床自然学校 http://www.shiretoko-guide.com、NPO法人大杉谷自然学校 http://osugidani.jp
17) NPO法人日本の森バイオマスネットワーク http://jfbn.org
18) 自然エネルギー推進自然学校ネットワーク (自然学校エネルギーネット)：自然エネルギーを推進する全国各地の自然学校及び関係者個人のネットワーク。http://www.kyougaku.com/ns-energy/

19）阿部治「持続可能な社会づくりに果たす自然学校の役割」ESD拠点としての自然学校, 9-12頁（みくに出版, 2012年）
20）阿部治（あべおさむ）：立教大学教授、立教大学ESD研究センター長
21）川嶋直（かわしまただし）：公益社団法人日本環境教育フォーラム理事長（2014年～現在）、NPO法人自然体験推進協議会理事（2000年～現在）、日本環境教育学会理事（2011年～現在）
22）野外生活推進協会：スウェーデンの伝統ある市民団体（1892年設立）
23）ムッレ教室：スウェーデンの野外生活推進協会の活動のひとつとして1965年に生まれた幼児を対象とした自然教育プログラム。
24）神野直彦「地域再生の経済学」, 36頁、151-154頁（中央公論新書, 2002年）
25）広瀬敏通「第5回自然学校全国調査2010調査報告書」（2011年）
26）西村仁志「日本における「自然学校」の動向─持続可能な社会を築いていくための学習拠点へ─」同志社政策科学研究第8巻（第2号）, 33-35頁（2006年）

第7章 自然学校の課題解決力の特徴

第5章、第6章では自然学校の特徴を示す基軸「教育力」「社会関係資本」について考察した。この章では、自然学校の3つ目の基軸にあげている「課題解決力」について考察する。

第1節 自然学校が取り組む社会的課題

1. 自然学校の「課題解決」を構成する要素

　自然学校が持つ「課題解決」に関連するアンケート「③自然学校が持つ社会問題を解決する力にあげられるものはありますか」（P.161アンケート用紙参照）という項目の回答から以下の38個のキーワードが得られている。自然学校の基軸としての「課題解決」を構成する要素をこれら得られたキーワードから整理した。

【ツール】8個（21.1％）
- 事業手法・場の創出・実践・地域づくり支援組織・地域と共有・森林再生
- 地域活性化・社会問題を解決できる人づくり（教育）が役割

【マインド】11個（28.9％）
- 諦めない・できる工夫・問題意識・人間力・強い心・正義感・粘り強いマインド
- 率先して面倒くさいことをする姿勢・当事者意識・協働に躊躇しない
- 自己責任能力

【スキル】14個（36.8％）
- 行動力・活動技術・プログラム化・現場対応・フットワーク・情報処理能力
- 緊急時対応能力・コミュニケーション
- インタープリテーション力・コーディネート力・自然科学専門知識
- 環境適応能力・危険の回避・応用力

【その他】5個（13.2％）
- 失敗体験・自然体験活動・責任行動・センサー・感度

2. 自然学校は社会問題の解決に取り組む使命を持っている

　アンケートの社会問題を解決する使命に関して、どんな社会問題があるかという問いの回答では、環境問題・教育問題・政治問題・経済問題など様々な問題を意識しているとの回答が得られた。そして、社会問題を解決できるような人を育てることで、間接的に社会問題を解決する力を発揮している自然学校があるとの回答も得られている。

　広瀬[1]は、自然学校の事業の特質の一つに「社会的な課題に取り組む姿勢がある」と述べている。そして、過去に行われた自然学校の全国調査の中で、以下のように分析している。

> 　自然学校の活動テーマは、「青少年育成」・「環境教育」・「自然保護(保全)」の3つに集約されていたが、近年「地域振興(再生)」が最上位のテーマにあがった。自然学校が過疎地や中山間地に根を下ろして活動するケースが急増し、地域の衰退に直面することとなり、自然学校自身のミッションや活動目的が地域の課題の解決へ向けた活動になってきている。

　山口[2]は自然学校の条件として、社会的企業としてのあるべき方向性に関して次のように主張している。

> 　その地域の資源や素材を活用して、その地域の課題・問題を解決していくことをビジネス化・事業化していること。公益を追求することと地域の課題解決を目指した社会的企業(Social Enterprise)であること。そして「自然学校」は、決して大規模なものではなく地域で小規模分散化したものであるべきで、その地域に根ざし地域とともにあること、地域的なスケールであることを本分とすべきものである。

高木[3]は、農山漁村地域に立地する自然学校と前置きをした上で、地域と向かい合って課題に取り組む重要性を以下のように指摘している。

> 自然学校の役割は地域にある教育力、コミュニティ性を資源にして地域住民と協力し来訪者、地域当事者にも一次産業地域の価値を再認識するプログラムを提供することであり、「繁栄ある地域」とは「抱える社会問題の解決へ立ち向かう活力源」がある地域である。この活力源となりうるのが自然学校である。

西村[4]は、自然学校の社会的な課題解決への可能性・期待を次のように論じている。

> 自然学校が「社会的企業」として位置付けられ、整理されることはなかった。ところが近年、自然学校は社会問題解決と持続可能な社会の実現へ向けた取り組みであるという社会的な評価と期待がなされる様になってきており、こうした見方と相互の関係はさらに発展していくものと考えられる。

以上の4者は、地域において課題を解決する社会的企業としての自然学校のあるべき方向性を示している。

インタビューで李[5]はこれからの自然学校の役割について、以下のように回答している。

> 「これからの自然学校には、体験型プログラムだけではない事業化、特に地域社会問題の解決の事業化が期待される。」

川嶋[6]は、自然学校の設立の時代に着目し、時代をおって変化している自然学校の役割の特徴を以下のように解説している。

> 　1980年代に自然体験を拠点とする自然学校（ホールアース自然学校＝静岡県、国際自然大学校＝東京都、キープ協会環境教育事業部＝山梨県）が生まれ、1990年代に地域振興の拠点としての意味を持つ自然学校（くりこま高原自然学校＝宮城県、北海道自然体験学校（現ねおす）＝北海道、野外教育研究所＝熊本県、大杉谷自然学校＝三重県）が生まれた。さらに地域振興を一段と目的意識化した、自然学校と名乗らない自然学校（TAPPO南魚沼やまとくらしの学校＝新潟、他）も各地に生まれた。1995年の阪神・淡路大震災や東日本大震災での活動で自然学校が持つ野外生活力やコミュニケーション力が大きな力を発揮し、自然学校のネットワークの震災復興や地域振興に向けた新たな地域拠点として動き始めている事例から、地域の課題解決に取り組む自然学校の姿として評価している。

　以上から、特に近年は過疎地や中山間地に根を下ろして活動している自然学校が増えている傾向があり、それぞれが地域の課題を見つけている現況を知ることができる。自然学校が地域に拠点を置いて地域に向かい合い、地域に根ざすという事業の展開は、自然学校が自発的な事業主体であり地域の課題を自分ごととして置き換えることができることにあると考えられる。震災で被災地支援に入ったケースでも当事者意識の高さが課題解決の行動へつながっていると考えられる。さらに、課題や地域のスケールに応じた、運営や連携も身の丈にあった組織やネットワークをつくる取り組みに特徴があると考えられる。このことが課題を解決する実効性を発揮する特徴であると考えられる。自然学校には「社会的課題を解決する」という使命や期待があるといえる。

3.　自然学校は、なぜ社会問題の解決に取り組むのか

　多くの自然学校が、社会や地域の課題を解決するための事業を興

している。なぜ、あえて課題解決のための事業を興しているのだろうか。これまでも再三示している「生きる力」は、目の前で起こる情況を受け止め、自分で課題を見つけ、考え、判断し、主体的に行動する、課題を解決する資質・能力である。自然学校が自然体験や冒険体験を通じて取り組む「教育」で目指している子どものあるべき姿が、自ら課題を見つけることであることから、それが自然学校の事業の体質に反映をされていると考えられる。

　佐藤[7]、辻[8]は、ともにインタビューで、「自然体験を通じた教育力の特徴として、自然での活動は常に様々な課題や困難な状況に置かれ、その課題を乗り越える力を求められる。そのような場面を多く体験しているので、状況に常に関心を払い課題を見つけて対処しようという中で鍛えられている」と回答した。

　さらにインタビューで、辻、小倉[9]は、ともに「人づくりは地域や社会問題を解決する」と発言し、「自然学校の教育力は社会に対してしっかりと考えられる人づくりである」と回答している。教育を通じて、課題を解決しようという「マインド」の強さも表しているといえる。

　西村[10]は、「ソーシャル・イノベーション＝Social Innovation」の視点から自然学校の課題解決のプロセスを以下のように説明している。

> 　社会において発生する諸問題を見出し、自らの関心と思い（マインド）に基づいた解決策として独創的な事業手法（ツール）を開発し、その具体的展開を通じて人と社会との関係へ働きかけ（スキル）、新しい社会的価値を創造していく。そして、自然学校には、ソーシャル・イノベーションの３つの要素「マインド（思い）」「ツール（手法）」「スキル（活動展開技術）」が備わっている。

　西村[11]も「自然学校は子どもたちの教育の在り方の見直しの必要

性、悪化しつつある地球環境をはじめとする人類社会の持続可能性への危機感、地方の過疎化と都市への人口集中という社会情況を背景とする『マインド＝思い』をもとに日本各地で実践が広がってゆく」と全国で展開されている自然学校の根底に流れるマインドを指摘している。

　このように自然学校には課題を解決しようという「マインド」があるということがあげられている。アンケートにおいても強いマインドがある、問題意識を持つ人が多い、フットワーク・行動力があるという回答があることからも地域の問題を解決しようとする特徴があるといえる。

第2節　自然学校が育む人間力・組織力

1. 自然学校の事業の特性とスタッフの成長

　自然学校は、自然の中で教育プログラムを提供している。プログラムを企画し、準備をし、実施するというプロセスでは様々な要素に対処し処理をしなければならない。時には、担当者個人が判断し行動しなければならない場面もある。様々な状況を受け止め自分で課題を見つけ、自ら考え、判断をして、行動を起こすという、個人の能力を最大現に発揮しなければならない場面がある。また、個人ではなく数名のスタッフがチームで対応する場面もある。いずれにしても自然の中での活動の場合は、自然現象という不確実な環境の中でことを進めなければならないので、高い状況判断の能力を求められる。

　従って、自然学校のスタッフは、関連するネットワークの人材育成・指導者養成の様々な研修やトレーニングを受けている。

　各自然学校が通常行っている子どものキャンプでは、個々のスタ

ッフの人間力と組織で対応する組織力が問われている。特にあらかじめ予定されているキャンプは、実施までに確定されたスタッフ間で計画され準備をして実施される。スタッフの個々の能力と組織力は、予期しない状況で真価を問われることになる。

　近年、大きな災害が起きている。自然学校の関係者が災害現場にいち早く駆けつけているという事例がある。「自然学校」が災害と向き合って活動をした国内で初めての事例は、1995年1月17日に発生した〝阪神・淡路大震災〟に見られる。第3章、第5節でも触れたように、その後、2004年中越地震、2008年岩手・宮城内陸地震、そして2011年東日本大震災では、全国にネットワークでつながっている日本エコツーリズムセンターやアウトドア関係者が連携して〝RQ市民災害救援センター〟という災害救援ボランティアセンターを設置して被災地で活躍をしている。2014年8月に広島市で発生した土砂災害にも現地の自然学校関係者と全国のネットワークが連携し〝RQ広島〟を広島の自然学校施設に開設し、行動を起こしている。これらの動きは、状況を受け止め、課題を見つけた人間が動くことで進んでいる。

　広瀬[12]は、「自然学校のサバイバルスキルは災害救援活動の即戦力にもなる。被災地域において自然学校はさまざまな形で貢献できる」と指摘し、さらに3.11東日本大震災の支援活動をふり返り「自主的な長期支援活動のもうひとつの特徴は、いずれも現場で被災者と接点を持った人たちが、その場で考え始めたものだということだ。もし、活動がひとつの号令の下で画一的な支援をするだけだったら、決してあれほど多彩な活動は生まれない」と指摘している。

　ピラミッド型のヒエラルキーで運営される組織構造をとらず、アメーバ型の組織を意識し柔軟でどこを切っても再生して生きていく、情況に合わせて柔軟に変化し、全体を仕切っていたリーダーがいなくなっても、個々の活動は別のリーダーに引き継がれて再生し、発展していくような組織を意識して行っている。このような組織を維持できたのは、個が決して指示待ち人間ではなく常に状況を受け止

め、課題を見つけ、その解決のために自ら考え、判断することができるという自然学校のスタッフの優れた特性によるといえる。

2. 特異な事態における自然学校の力

広瀬[13]は、自然学校では、プログラムとして自然の中でのサバイバルメニューが、日常的に準備され、そのために災害時には、そのスキルを活かすことが可能であり、実際に東日本大震災では、自然学校が震災支援の活動を担ったことをあげ、各被災地のボランティアの拠点から、新たに各地に拠点を持つ自然学校が生まれていることを報告している。

自然学校で育まれる力は、ネガティブではなく、ポジティブな姿勢であり、自然学校に身を置いたものであれば誰でもすぐ納得するものは、どのような状況下でも次の動きをつくり前向きな行動を生み出す力であるといえる。

李は、「自然学校をソーシャル・イノベーションの担い手であると評価し、自然学校という『人』『ネットワーク』『知』が地域で生きるネットワークとして、人材の再生産を地域にもたらす拠点になることを期待している。これまでの多くの自然学校が活動の中心していた体験プログラムの事業化や体験型学習プログラムの事業化は終焉し、体験型プログラムではない地域社会問題の解決の事業化が求められる。地域に本当に結びつくかどうか試される時代に入った」と指摘している。

自然学校と異業種が連携することで新しく興ってきている事業[14]にその具体的な可能性を見ることができる。自然学校は情況対応力に優れ、緊急時に対応する機能を有し様々な課題解決力を有しているといえるのである。自然学校は、生きる力を育む「教育力」と様々なものをつなぐ「社会関係資本」を活かして「社会・地域の課題を解決する」可能性があるといえる。

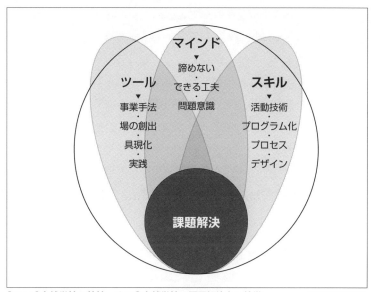

[図7▶3] 自然学校の基軸　その③自然学校の課題解決力の特徴　　著者作図(2014)

第3節　まとめ

　アンケートからは、「粘り強いマインド」「率先して面倒くさいことを行う姿勢」「問題意識を持つ人が多い」「アイディア力」「行動を起こす」「フットワーク・行動力がある」等の回答が得られている。「生きる力」の説明に示されているような「自ら課題を見つけ」「自ら考え・判断し・行動する」「より良く問題を解決する資質・能力」が、自然学校が目指している事業の姿勢として見るこができる。

　地域に拠点がある多くの自然学校は、社会や地域の課題を解決するための事業に取り組んでいる。ソーシャル・イノベーションの視点からも、自然学校には3つの要素「マインド（思い）」「ツール（手法）」「スキル（活動展開技術）」があることが指摘されている **[図7▶3]**。

　近年発生した震災や土砂災害などの自然災害時に自然学校の関係者は災害現場にいち早く駆けつけ、困難な状況の中でも課題の解決

に向けて取り組むなど、混沌とした状況の中にあっても、課題を解決する活動を実行してきた実績がある。

　また、地域を拠点としている自然学校は、その地域の資源や素材を活用して、その地域の課題・問題を解決していくことを目指している社会的企業であるという評価もある。

　自然学校の特徴の一つに社会や地域の課題に取り組むソーシャル・イノベーションの担い手としての役割を見出すことができる。

　社会や地域が抱える課題を、自然学校が持つ課題解決力を活用することで解決できる可能性がある。

(注)

1) 広瀬敏通「災害に向き合う自然学校」ESD拠点としての自然学校, 51頁(みくに出版, 2012年)
2) 山口久臣「「自然学校」事業の推進と地域づくり—地域づくりの拠点としての自然学校の役割」ESD拠点としての自然学校, 49頁(みくに出版, 2012年)
3) 高木晴光「地域のスモールビジネスとしての自然学校」ESD拠点としての自然学校, 38・40頁(みくに出版, 2012年)
4) 西村仁志「社会的企業としての自然学校〜ソーシャル・イノベーションの潮流を手がかりに」ESD拠点としての自然学校, 33頁(みくに出版, 2012年)
5) 李妍焱：駒沢大学文学部社会学科准教授、日本と中国のNPOを研究。日中市民社会ネットワーク(CSネット)代表。日本の自然学校の役割に着目して中国に自然学校をつくるプロジェクトを進めている。
6) 川嶋直「CSR×ESDから見た自然学校」ESD拠点としての自然学校, 42頁(みくに出版, 2012年)
7) 佐藤初雄(さとうはつお)：NPO法人国際自然大学校理事長
8) 辻英之(つじひでゆき)：NPO法人グリーンウッド自然体験教育センター理事長
9) 小倉宏樹：よみたん自然学校代表
10) 西村仁志「社会的企業としての自然学校〜ソーシャル・イノベーションの潮流を手がかりに」ESD拠点としての自然学校, 33頁(みくに出版, 2012年)
11) 西村仁志「社会的企業としての自然学校〜ソーシャル・イノベーションの潮流を手がかりに」ESD拠点としての自然学校, 34頁(みくに出版, 2012年)
12) 広瀬敏通『災害を生き抜く　災害大国ニッポンの未来をつくる』, 220頁(みくに出版, 2014年)
13) 広瀬敏通「【経済産業省】平成24年度東日本大震災復興ソーシャルビジネス創出促進事業ソーシャルビジネス・ノウハウ移転支援マニュアル」, 11頁(NPO法人日本エコツーリズムセンター, 2013年)、「災害に向き合う自然学校」ESD拠点としての自然学校, 55頁(みくに出版, 2012年)
14) ホールアース自然学校が農業生産法人を立ち上げ農業に参入。くりこま高原自然学校が林業家、ペレットストーブメーカー・木質ペレット燃料メーカー・家具メーカーと連携し森林資源を材料とする製品の生産に参入し、森林資源を循環する資源にする林業生産者と生活者をつなぐ〝treesm〟という概念を提唱、森林の入口から出口までつなぐ事業を展開している。

第8章 自然学校の3つの基軸 ―結論―

第5章・第6章・第7章では、自然学校の特徴を示す基軸【教育】【社会関係資本】【課題解決】について考察した。この3つの基軸を自然学校が合わせ持つことで多重的・多層的な機能が生まれ、それが自然学校の役割の相乗効果を生み、新たな事業展開を可能にすると結論づけた。

第2章・第3章では自然学校の特徴を整理した3つの観点をもとに、第4章では自然学校創設者及び代表者という実践者にアンケートやインビューを実施し、その結果3つの基軸となるキーワードを導きだした。
　そして、第5章・第6章・第7章でそれぞれの基軸【教育】【社会関係資本】【課題解決】を構成する要素を明らかにした。

　自然学校の実態や自然学校を取り巻く環境社会の変化から、自然学校の特徴を整理するため出された3つの観点は、アンケートやインタビューなどから、自然学校の特徴として考察をした。
　その結果、第5章・第6章・第7章で示した、自然学校の基軸とする【教育】【社会関係資本】【課題解決】のそれぞれの構成要素の特徴を明らかにした。
　自然学校の発生当初は【教育】が主軸であったが、環境社会の変化に伴い【社会関係資本】、さらに【課題解決】という基軸を持った自然学校が現れてきている。
　今後、自然学校が社会に貢献するためのモデルを[図8▶1]で示した。【教育】と【社会関係資本】【課題解決】という「自然学校の3つの基軸の構成要素」を合わせて持つことで多重的・多層的な機能が生まれ、それが自然学校の役割の相乗効果を生むことになる。

基軸▶1　「自然学校は教育力に特徴がある」

　体験学習の中で自分・他者・置かれている環境と向かい合う。自然学校が取り組んでいる体験を通じた学びの方法には特徴がある。特に自然体験や冒険体験を通じた学びの場の提供と、「気づき」を促し行動を起こすことができる人づくりが自然学校の教育の特徴であるといえる。体験教育を通じた主体的な学びによって「自ら課題を見つけ、主体的に考え・判断し、より良く課題を解決するために行動を起こす」という「生きる力」を育むことができる。社会や地

域の課題を解決する力を育成することが自然学校の教育力の特徴といえる。

基軸▶2 「自然学校は社会関係資本の活かし方に特徴がある」

農山村などの地域を拠点にしている自然学校の創設者・経営者は、地元の出身ではなく、いわゆる「よそ者」である。地域のコミュニティの特性として示した「ウチ」と「ソト」の関係性からは、ソトからウチに受け入れられるためには課題が多い。「地域に根ざして」自然学校事業を行うことは容易なことではない。しかし、多くの自然学校は、多少の違いはあれ、地域でその存在が評価され、地域も期待する事業体として活動をしている。「人と人」「人と自然」「人と社会」を〝つなぐ〟役割を多くの自然学校は理念にあげている。地域との関わりが持続できている自然学校は社会関係資本を十分に活かしているという特徴がある。

基軸▶3 「自然学校は社会の課題を見つけ、
それを解決する力に特徴がある」

自然学校の創設者・経営者は、「教育」や「環境」問題に意識が高く、その課題解決に対する「マインド」が強いことが明らかになった。さらに「ツール」「スキル」を備えているのが自然学校の特徴である。

そして、「地域づくり」や「一次産業」に対する課題を受け止めている事例が多い。そして、その課題を解決するためにアクションを興し、農業に関しては、農業生産法人を立ち上げたり、林業に関しては、林業家と連携したり、異業種とつながってその解決の方法を模索している事例もあった。調査でも回答があったように、自然学校は〝つなぐ〟役割が特徴的であるが、課題の解決のために自ら〝つながる〟ことに躊躇しない傾向も明らかになった。従って、社

会や地域の課題を見つけ、その解決に向かうために、自然学校が持っている「教育力」と「自然関係資本」を活かし、様々なつながりをつくって、課題を解決していくということが、自然学校の特徴であるといえる。

　さらに、自然学校の創設者や経営者の次のような3つの基軸に関わる回答がある。「自然の中での活動で、さまざまな場面で乗り越える力」、「人と関係していくコミュニケーション」、「体験活動は自然体験にしかないもの、不確定要素が高い情況に置かれ他の体験活動と違い鍛えられる」、「情報対応能力や緊急時対応能力」、「様々なステイクホルダー（セクター）と協働する能力」、「協働に躊躇しない（臆病ではない）」、「コンセプト＆ミッション」「技術」「知識」「企画力」「実践力」「ネットワークとパートナーシップ」「発想力」「レジリエンス＝逆境力」。「社会問題を解決できるような人を育てることで、間接的に社会問題を解決する」「自然体験から得られた粘り強いマインドがある」さらに、「問題意識を持つ人が多い、アイディア力、行動を起こす」「アイディアで終わらない」、「フットワーク・行動力がある。このような人が多い」。これらは、自然学校が今後期待されている新たな役割の可能性につながる要素を含んだ回答である。

　これらの回答から自然学校は社会問題の当事者となって解決策を模索し、そこで得られた手法、結果を公表し、他の地域と共有するなど地域創造の拠点としての役割を担うことを期待できることが推察される。さらに、これまで解決できなかった地域の課題は、新たにつながることで解決できる可能性がある。自然学校が主体的になって、これまで地域とつながることが難しかった「地域と企業」「学校と企業」「地域とNPO／NGO」「地域と地域」などをつなぐ役割を担い社会や地域の課題を解決することも期待される。

　本研究によって、自然学校が自然環境の中で様々な活動を通じて培ってきた強みは、予測できない社会の変化に対して、体験学習法という手法を応用し、試行錯誤しながら柔軟に対応することができ

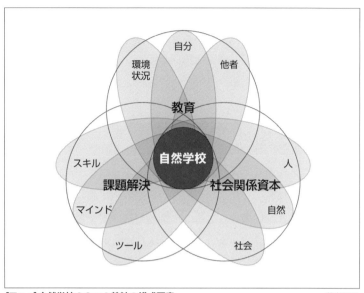

[図8▶1] 自然学校の3つの基軸の構成要素　　　　　　　　　　著者作図

ること、不確定要素が多いコミュニティでも良好な関係性を模索し、ポジティブに対応できることであることも明らかになった。これは、近年頻発している、混沌とした不確実性の高い災害支援の場での自然学校関係者の活動でも証明されて各地で評価されている。自然学校がその教育力と異業種とつながることで、社会や地域の課題を見つけ、その課題を解決するという機能を示してきた事例や実態も明らかになった。

　したがって、ここで示された3つの基軸は、自然学校が社会的企業として事業を支える理念・使命であり、自然学校が持つべき共通の要素である。今後、自然学校が社会に貢献し、変化する環境社会の中で新たな事業展開を可能にするためには、【教育】・【社会関係資本】・【課題解決】という基軸を合わせ持つことが必要であると本研究では結論づけた。

第9章 社会的企業と展望

　第8章では、自然学校が地域の中で社会的企業として新たな役割を担うためには、【教育】【社会関係資本】【課題解決】という3つの基軸を持ち合わせる必要があると結論づけた。この章では自然学校が3つの基軸を持ちながら社会的企業として地域の様々な活動を新たに展開するための課題と展望について示した。自然学校の事業領域をつなぐ役割に【ハブ機能】をあげ、くりこま高原自然学校が具体的に実践してきたいくつかのハブ機能の事例を紹介した。

第1節 自然学校の課題と展望

　本論文は、国内で自然学校と呼ばれる事業体の特徴を整理し、今後自然学校の事業がより良く展開され、さらに新たに自然学校が起こす事業が環境社会に役立つための共通の理念を示し、自然学校のあるべき指針を提示し、今後の環境社会や地域の中で自然学校が担う新たな役割の可能性を示すことが目的であった。

　自然学校の創設者・経営者が取り組んでいる自然学校の事例から、自然学校の特徴と実態を抽象化し、アンケート・インタビューの回答から考察して導きだした共通の理念を示し、自然学校のあるべき指針を「自然学校の特徴としての基軸」として示すことができた。

【課題】
　多くの自然学校は、まだ事業的には未成熟で、自然学校自身の事業経営としての課題もあることも明らかになっている。本研究は、第8章で示したように「自然学校の基軸」を強みとしてあげているが、地域のビジネスモデルとして、事業経営の視点での考察にまで至らなかった。社会や地域の課題を解決するためには、社会的企業として理念と使命を持続させる事業経営が不可欠である。
　自然学校が新しいビジネスモデルとして確立するためには、自然学校の事業経営の研究調査を行う必要がある。今回の調査で、既に地域コミュニティの拠点として機能している静岡県のホールアース自然学校や長野県のグリーンウッド自然体験教育センター、北海道のぶなの森自然学校などの事例を確認することができた。
　今後は、さらに事業経営の調査を加え、地域のソーシャルビジネスとしての「自然学校」経営のあり方を考察し、自然学校の社会的役割の可能性を事業経営と合わせて提示したい。

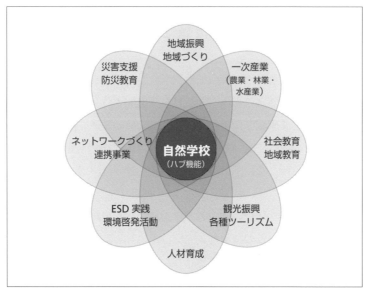

[図9▶1] 社会的企業としての自然学校の新たな事業展開の可能性　著者作図

【展望】

　今後は、自然学校の役割を社会に認知させることが重要で、自然学校の事業が地域教育・人材育成の場や、あるいは、異業種との新しい連携によって、社会や地域の課題を解決する新しい事業の拠点として、ビジネスの仕組みが生まれ発展する可能性がある。

　社会的企業としての自然学校の新たな事業展開の可能性も期待できる。自然学校は、地域の様々なポテンシャルをつないで新たな事業価値を生むハブ的機能[図9▶1]を持ち、社会的企業としての事業展開をする可能性を持っている。

　自然学校が取り組んでいる事業領域に関するアンケートの回答から、[図9▶1]に示した事業領域があげられた。今後自然学校が社会的企業として地域での様々な活動を新たに展開するために、これらの事業領域をつなぐ役割【ハブ機能】[図9▶1]をあげることができる。

　ここで示す【ハブ機能】は、地域社会のリソース、地域の潜在力をつないで引きだす役割を担い、ポテンシャルをつないで新たな事業価値を生むことができる機能であり、自然学校が社会的企業とし

て、持続可能な事業フレームの基盤になりうる機能である。

　この機能は、前述した、3つの基軸を併せ持って初めて可能になるといえる。自然学校が3つの基軸とその要素を併せ持っていることで自然学校の役割の相乗効果が生まれ、このことによって、これまでに解決できなかった地域の課題を解決できる可能性があると考えられる。

第2節　ハブ機能としてのくりこま高原自然学校の取り組み

　本論文では、自然学校という業態が担う社会的企業の役割は「ハブ機能」であると論じた。自然学校の社会的企業の展望として、このハブ機能を具体的に示す事例を「くりこま高原自然学校」が担った取り組みから紹介する。

　そもそも、「くりこま高原自然学校」は1996年に教育事業を行う個人事業として始まり、20年という時を経て、形態も事業の内容も変化してきた。ここまで示したように時代を追って環境社会や社会そのものの変化に伴って、多くの自然学校も変化をしている。くりこま高原自然学校は90年代から2000年代前半にかけては、自然学校の本流である「教育」の課題に取り組み「生きる力」を育むための体験の提供、不登校と呼ばれる悩みを抱えた子どもの支援、さらに、引きこもり・ニートと呼ばれる青少年や成人の自立支援など、教育が抱える社会課題に取り組んできた。この取り組みは、くりこま高原自然学校が持つ教育、特に野外教育や冒険教育の手法の他に、地域の様々なポテンシャルがつながることによって実行された。そして、社会の課題を解決する新たに生まれた一つの機能でもあった。

　さらに、くりこま高原自然学校を社会問題を解決する社会的企業の方向へ進めたのが、2度にわたる大きな震災である。2008年6月14日に発生した「岩手・宮城内陸地震」では避難指示を受け、下

山を余儀なくされて、2年半にわたり自然学校の拠点を失った。その後、里山に民家を借りて事業の再開を模索し、新たな課題を見つけ新たな事業に取り組んだ。その一つが、環境にこだわる林業家とつながって立ち上げた、NPO法人日本の森バイオマスネットワークである。里山の森林の荒廃と林業の斜陽という一次産業の地域の課題に取り組むことになった。追い打ちをかけて2011年3月11日に、「東日本大震災」が発生、東北の広域にわたり未曾有の被害をもたらした。くりこま高原自然学校はこの震災直後から行動を起こし、様々なつながりをつくり被災地の様々な問題を解決してきた。

このような背景から生まれた事例を紹介し、自然学校が担った具体的な役割と今後の展望としての「ハブ機能」の可能性を示したい。

事例▶1　不登校・引きこもり・ニートの支援（教育の課題）
新しい社会問題（教育の課題）は、新しい仕組みで解決する

この取り組みに至った経緯は、1999年（平成11年度）から実施された文部科学省の委嘱事業「子ども長期自然体験村」に始まる。この事業は文科省が全国各地で2週間以上（最長は30泊31日）のキャンプを展開するために委嘱した事業であり、くりこま高原自然学校も2週間のキャンプを委嘱され実施した。このキャンプに不登校の子を持つ親から相談があり不登校の子が参加した。2週間のキャンプに参加することで子どもの悩みが改善するのではないのかという期待があった。これまでの国内の多くのキャンプは、短期に行われる非日常の活動がほとんどであったが、長期のキャンプは日常性の活動も意識し、多彩な体験によって「生きる力」を育み、教育活動の深みと広がりを期待された。

くりこま高原自然学校は、長期キャンプの成果を得て、不登校児童生徒を長期で受け入れる寄宿制度を2000年に併設し、自然学校がある地域から名前をとって「耕英寮」という長期寄宿による自然体験・生活体験の場づくりを本格的に開始した。これまでに自然学

校が行ってきた数日や数週間のキャンプではなく数カ月単位の長期の教育事業の取り組みである。

　自然学校が取り組むキャンプに代表される自然体験活動は、日常生活から離れた非日常の教育活動である。一方公の学校では、毎日同じ教室の同じ席にすわり決められた時間割に従って繰り返されるいわゆる日常の教育が行われている。耕英寮では、コツコツと積み重ねる学び「ケ（日常）の教育」と新鮮な感覚で印象的に学ぶ「ハレ（非日常）の教育」の両方の場を展開することになり、これまでの自然学校にはなかった「日常の教育」を考えるようになった。持続的な生活づくりという大きなテーマが加わったことで、さらに教育の課題だけにとどまれない状況に展開していった。日常の暮らしをつくるという体験も取り入れることで、これまでもささやかに行っていた畑の野菜つくりや家畜のニワトリやウサギの世話、そして暖房に使っている薪ストーブの燃料を確保する等を、社会の環境の課題と一次産業の課題としてとらえ直すことにつながり、食の問題、農業の問題、エネルギーの問題、森林問題へ関心は広がっていったのである。

　のちに、児童・生徒だけではなく職場で起こる課題で悩みを抱える20代30代までも自然学校の門をたたくことになり成人も受け入れることになった。2006年からは、厚生労働省が取り組む若者の就労支援であるニート対策事業「若者自立塾」の委嘱事業に採択され、子どもだけではなく成人が抱える「社会問題」と向き合うことになった。

　この事業を実施することで、自然学校だけでは解決ができない課題を知ることになり、地域や関係団体や機関と「つながる」、いや、積極的に「つなげる」という「ハブ機能」を意識するようになった。この事業において、自然学校を中心に課題を解決するための関わりを形成した機関は次のとおりである【図9▶2-1】。

地域コミュニティ（近隣農家・温泉施設）

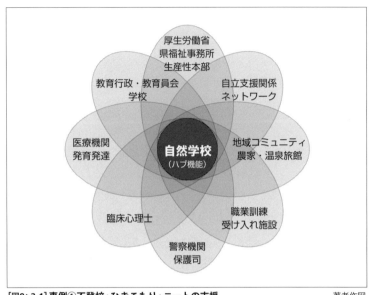

[図9▶2-1] 事例①不登校・ひきこもり・ニートの支援　　　著者作図

　　教育行政（栗原市教育員会・仙台市教育員会・学校）
　　医療機関（精神医療医師・臨床心理士）
　　福祉行政（厚生労働省・県福祉事務所・生産性本部）
　　警察機関（警察市民課・保護司）
　　自立支援ネットワーク
　　職業訓練受け入れ施設　等

　発生する問題の内容によって、解決のために検討したり支援を仰いだり課題解決のために連携・協力する体制の構築を試みた。
　また、その後、震災を通じて、くりこま高原自然学校がこれまで取り組んできた「生きる力」を育む教育の真価を試された。10名の全スタッフがこれまで取り組んできた〝冒険教育〟〝体験教育〟を活かして被災生活に日々取り組んだ。避難所に自らボランティアセンターを立ち上げ、支援者から届いた車で避難所の高齢者の送迎サービスを行い、山に残してきたイチゴ、イワナを救出する作戦を提案するなど、毎日課題を見つけ、考え、判断し、行動を起こして課

題解決に動いたのである。

　耕英地区は戦後満州からの引揚者が入植した開拓地である。寒冷な気候を活かして夏にイチゴを生産している。被災した6月14日は、この年のイチゴの初出荷が間近の時期であり、山にイチゴを残したまま山を降りた。筆者はイチゴ農家にイチゴをとりにいく提案をした。避難所であるCゾーンから一歩踏み出そうという提案である。提案当初は、誰一人賛同する農家はなく、不可能であると否定された。

　自然学校が取り組む冒険教育は、結果が保証されなくても、たとえ失敗しても、Cゾーンから一歩踏み出しアクションを起こし、チャレンジする過程に意味を見出している。避難所であるCゾーンにとどまって何もしないことには現状を変えられないのである。結果が失敗してもアクションを起こす過程に何か変化を生むことに意義があるのである。

　最終的には、避難指示10日後にボランティアの支援をいただき、およそ400kgのイチゴを降ろすことができた。冒険教育から学んだ〝諦めない〟〝結果が保証されなくても〟〝Cゾーンから出てチャレジする〟というアクションが被災地を変えていったのである。被災地の中で展開された自然学校のハブ機能であった。

事例▶2　木造住宅・木質バイオマスエネルギーの活用（森林資源と被災地の課題）
2008年6月岩手・宮城内陸地震が生んだ異業種とのつながり

　もともと野外教育・冒険教育の研究と実践に身を置いていた筆者は、1996年、大学卒業後15年暮らした東京を離れて宮城県の栗駒山に自然学校を開設した。自然学校では、自然体験や環境に関する子ども向けのプログラムや不登校等の課題を抱える青少年の自立を支援する受け入れプログラムなどを提供してきた。もちろん、そのフィールドは豊かな森林地域である栗駒山だが、あくまでもテーマは教育であり、林業や森林問題に直接取り組むことはほとんどなかった。

　2008年6月の震災で被災をし、避難指示を受けてこれまでの自

然学校の事業を継続することができない情況に追い込まれたのち、地元の林業家、製材所、工務店、木質ペレットストーブメーカーなどとつながり「日本の森バイオマスネットワーク」というNPO法人を立ち上げ、新たに森づくりや森林資源の活用という事業に取り組んだ。このNPO法人は、森林資源の活用・循環の推進と、地球環境と共生する地域社会の実現に寄与することを目的とし、地域の森林資源の活用を目指した。

　「教育屋」である自然学校がなぜ異業種とつながる必要があるのか、つながることで何を生み出せるのか、それについて考え、実践する大きなきっかけとなったのは震災である。

　2008年の岩手・宮城内陸地震で被災し、自然学校のスタッフも仮設住宅に入居し、自然学校も活動の場を失った。しばらくは地域の緊急支援の活動を行っていたが、やがて山のフィールドを失った自然学校がこの逆境の中でスタッフの雇用を維持するためにどんなことができるのかを考えることになった。そして、取り組んだのが森林を資源として活用することであった。森林資源は地域に豊富にあり、それを持続可能な形で活用し、何らかの産業を生み出すことができれば、結果的に被災した地域も元気になるのではないかと考えたのである。同時に化石燃料に頼りすぎたエネルギーや関連の環境問題、地域の森林の荒廃問題などに対する取り組みにもなる。この提案が内閣府の助成事業〝地方の元気再生事業〟に採択され、翌2009年度に事業を開始した。この事業で地元の森林資源を活用するために検討する委員会が、震災を経て生まれた新しい事業組織「日本の森バイオマスネットワーク」の母体となった。くりこま高原自然学校に加えて地元の製材所や工務店が中心になって活動を進め、森林保全や森林資源活用として、森林をエネルギー資源とした木質ペレットの普及に取り組んだ。その活動は、やがて地域内にとどまらず、県外の木質ペレットストーブメーカーや全国各地の工務店や設計士や木質ペレットメーカーなど、これまで自然学校に関わりのなかった分野に広がっていき、異業種が集まったことで様々な

[写真9▶2-1] 燻煙乾燥木材プラント

活動に波及することになったのである。

「教育屋」であった自然学校が「木材屋」などの異業種とつながった

　自然学校設立当初からつきあいのあった地元の若手林業家は、シックハウスの原因となる化学物質を一切含まない材木を生産するために、木材を燻煙で乾燥し燻すことで防虫防カビ効果を持った木材を生産するという画期的な取り組みをしていた[写真9▶2-1]。

　また、木材の乾燥過程で化石燃料の使用をしないよう、製材工場で出る木片を燃料にしてCO_2の排出に配慮した木材の提供に取り組んでいた。ところが、苦労して生産した化学物質フリーの「燻煙乾燥木材」を出荷しても、工務店や大工さんに十分に意味を伝えられず、結局、他の化学物質を含む建材や塗料と一緒に使われることで、その価値を活かしきれていなかった。

　その意味を伝えるために「伝える」「学ぶ」の役割を持つ自然学校を場として、〝森林教室〟を開催した。森林教室には、工務店、大工さん、建築家、建築雑誌の編集者、そして建築を考えている方

第9章◆社会的企業と展望　147

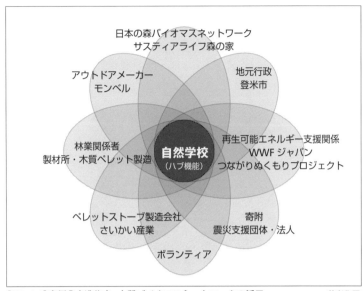

[図9▶2-2] 事例②木造住宅・木質バイオマスネットワークの活用　　　著者作図

などが全国から集まり、栗駒山麓の伐採した森、植林している森、ブナの原生林を見学し、夜は自然学校で森林環境や健康安全な家づくりについて議論をした。また、製材所の燻煙乾燥プラントを見学し、木工教室で小さなスノコをつくって、化学物質を含まない塗料を塗ってお土産に持ち帰るというプログラムを実施した。

　森林教室の取り組みは、環境に配慮した健康で安全な家づくりという同じテーマのもと、生産者側と生活者側がつながるとてもユニークな場となった。生活者からは、暮らしの中で使われている木材という森林資源をより身近に感じ、森の課題や生産プロセスを初めて考える機会になったという声が聞かれた。この取り組みが、自然学校が森林や林業が抱える問題を解決する上で、いろいろな人々をつなぎ、問題を伝え、一緒に学び合う場としての役割を担うことができるということを発見する機会となり、異業種が一緒に活動する「日本の森バイオマスネットワーク」の設立の大きなヒントになったのである[図9▶2-2]。

[写真9▶2-2]避難所でのペレットストーブ

2011年3月　東日本大震災　震災から生まれた新しい事業

　再び地域を襲った東日本大震災。この震災で、再び森林資源が持つ偉大な可能性とその持続的な活用を改めて認識することになった。震災発生直後、被災地では、電気が止まり、燃料の流通が止まっているところに追い打ちをかけるように寒波が襲った。犠牲者約1万7千名の92％は津波による溺死だったが、残りの8％の方は、津波では助かったにもかかわらず濡れた衣服のまま暖もとれなかったために低体温症で亡くなっている。前述した森林資源活用の一環としての木質ペレットとそれをエネルギー源とするペレットストーブの普及に取り組んでいた日本の森バイオマスネットワークは、すぐさま全国のメンバーに呼びかけ、木質ペレットとペレットストーブを避難所に届ける活動をした[写真9▶2-2]。

　ライフラインが停止してしまうような震災でも機能することができる森林資源をはじめとした再生可能エネルギーの可能性にあらためて気づき、考える時期に来たと確信した。

[写真9▶2-3] 手のひらに太陽の家

　さらに、日本の森バイオマスネットワークは、東北の寒い冬を越すには問題の多いプレハブの仮設住宅の課題に直面するとともに、地域経済の循環や解体時の廃棄物問題の解決にもつながるという視点から、地元の木材と大工さんによって木造の仮設住宅を建設するという計画をつくり、ある自治体に申し入れた。しかし、震災時の仮設住宅に関わる法律上の規制があり、仮設住宅の建設をすることができない現実があった。

　このような状況で一時は諦めかけていたが、前述のとおり、冒険教育が目指す「生きる力」は課題を見つけ、決して諦めず、その課題解決へ取り組むことを実行する力である。このプロジェクトの推進に大きな力を尽くしたのが、アウトドアメーカーのモンベルだった。著者は震災直後の被災支援に入る意向を示していたモンベルの辰野会長とともに被災地支援に奔走していた。この状況を辰野会長へ伝え、賛同を得て、民間の支援を集め進めるプロジェクトがスタートした。

　その結果、被災地の子ども支援を目的とした復興共生住宅「手の

ひらに太陽の家」を南三陸町に隣接する登米市登米町に建設するに至った [写真9▶2-3]。

　燻煙乾燥させた地元木材を伝統建築の技を受け継ぐ地元の大工さんが手刻みで組み上げ、暖房、給湯には木質ペレットボイラーと太陽熱給湯器を採用し、電力も太陽光発電パネルを活用するなど、再生可能エネルギーをふんだんに取り込んだ"環境配慮型の木造住宅"というコンセプトを実現し、復興住宅モデルの一つを示そうとしたのだった。この施設では、現在、高い放射線量により外遊びが制限されている福島県の子どもたちの保養を中心に受け入れている。
　2度の大地震は、くりこま高原自然学校としてもちろん大きな試練でもあったが、森林資源を持続可能なエネルギー資源として見直すこと、再生可能な自然エネルギーを活用すること、それに関わる新たな産業を育てていくことが、日本のエネルギーや環境の問題解決や、豊かな森林資源を有する東北の復興を考える上で重要であるということに改めて気づかされる機会であったのである。
　この事業で連携した機関は次のとおり。NPO法人日本の森バイオマスネットワーク、工務店（サスティアライフ森の家）、林業関係機関（製材所・木質ペレット製造）、木造住宅工務店、ペレットストーブ製造会社、アウトドアメーカー（モンベル）、再生エネルギー関連（WWFジャパン、つながりぬくもりプロジェクト）、その他100社に及ぶ支援組織団体、ボランティアなど。被災地支援の受け皿をつくり、数多くの支援組織、団体・法人をつないだ。

事例▶3　被災地の木材活用の家具づくり（国産材・被災地支援の課題）
森林資源が循環する森林の入り口（森づくり）から出口（資源活用）をつなぐ取り組み

　森林資源は、木造建築の用材に、そして家具や様々な木工の材料にもなる。さらにチップとして紙の原料にもなり、端材はエネルギ

[写真9▶2-4] 被災地の杉材を使った椅子

ーとして使うことができ100％無駄になることがない。そして、地域の資源を地域のエネルギー源として活かすことができれば、これまで海外で採掘される化石燃料に日本が支払っていると言われる年間約20兆円を超える燃料費の一部を地域で分け合うことができる。しかし一方で、可能性のある森林資源をどう活用していくかが、日本の森林が現在直面している課題の一つである。

　前述したように、著者はこれまで自然学校を運営しながら、林業や製材所や工務店などまったく違う分野の事業者と関わりながら、いろいろな活動を行ってきた。それは森林資源の重要性や、持続可能で健全な活用について、それぞれの立場で得意分野を活かしながら協力し、知恵を出し合い活動していく自然なことであった。今後は、関わりの輪をさらに広げ、より森と暮らしをつなげる活動に結びつけていきたいと考えている。その一つとして、今、森林資源を健全に循環する持続可能な資源として活用することに取り組んでいる。その新たに生まれた取り組みが、被災地の木材を使った家具づくりである。

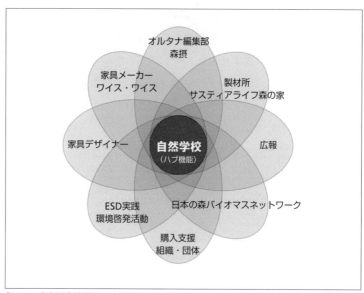

[図9▶2-3] 事例③被災地の木材活用の家具づくり　　著者作図

　2011年4月23日震災1カ月半後に環境マガジン『オルタナ』編集部が主催する復興支援バスミッションのツアーに参加した多くの企業の中に国産材にこだわって家具の製作販売をしている㈱ワイス・ワイスの佐藤岳利社長がいた。環境にこだわって地域の森林資源活用に取り組む我々の活動を知った佐藤社長がその後、栗駒の杉で家具づくりにチャレンジをしてくれた。もちろんそこには大きな課題があった。

　一般的に家具にはブナやサクラ、ナラなどの木質が堅い広葉樹が広く使われているが、栗駒の木は杉などの針葉樹が多い、もうひとつの課題が、栗駒には製材所はあるが家具製作の経験者がいないこと。佐藤氏はその後栗駒に通い、椅子のデザイナーの榎本文夫氏も加わり、試作・検査・デザイン修正を繰り返し、杉材の持つ柔らかな風合いや軽さはそのままにJIS規格の3倍まで強度を高めることに成功した。栗駒に家具づくりの新たな雇用を生み、2012年グッドデザイン・ものづくりデザイン賞を受賞した。

第9章◆社会的企業と展望　153

この取り組みは、森林資源の健全な活用を通じて地球環境に配慮したより良い社会をつくり、社会全体で自然がもたらしてくれる豊かさを享受する暮らしを実践する提案でもある。また、社会全体にとっての長期的な利益や地球環境との共生を実現する仕組みづくりや、ビジネスモデルやライフスタイルの普及を目指している。特に注力したいのは、「森」、「森林関係者」、「商品製造者」「企業」、そしてその商品を使う「生活者」がつながるという点である[図9▶2-3]。

事例▶4	エネルギー・食・住を包括する
	自然と共生するライフスタイルの提案（企業倫理の課題） 自然学校の新しい役割「ハブ機能」が動き始めている

　日本の森バイオマスネットワークの山梨支部の工務店と自然学校が連携して一つのプロジェクトに取り組み始めた。森林資源を健全に活用して健全な暮らし、化学物質を含まない建材を使った木造住宅づくりにこだわる工務店との未来を見据えた連携事業である。ここに自然学校の社会的な役割の可能性を見ることができる。

　2つの大きな震災経験をきっかけにくりこま高原自然学校を取り巻く環境も大きく変化した。そして「森林」・「環境」・「暮らし」・「産業」をつなぐ自然学校の教育的役割もさらに浮き彫りになった。くりこま高原自然学校が大切にしていることの一つに、「暮らしを創造する」ということがある。これは、冒険教育、体験教育、環境教育の面でも重要な意味がある。自然環境の中で与えられる恵みも厳しさも知り、その中で人間の基本となる暮らしのあり方を考え、組み立てることから子どもや課題を持つ青少年が学ぶことは多い。自然学校を〝環境暮らし実験村〟いわゆる〝エコビレッジ構想〟[図9▶2-4]として位置づけ、暖房や給湯の熱エネルギーは薪、家畜、畑など自然環境と共生した農的な暮らしを中心に置いている。さらに、自然学校の暮らしの実践には、2002年に南アフリカのヨハネスブ

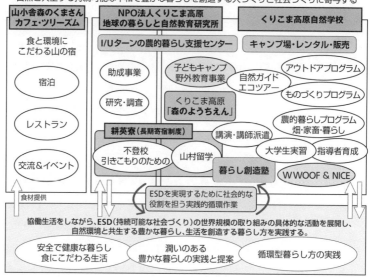

[図9▶2-4] くりこま高原　エコビレッジ構想関連概念図　　著者作図

ルグで開催された、第2回地球サミットで日本が提案し、後に国連総会で採択された「持続可能な開発のための教育の10年」の考え方が根底にある。自然学校のミッションにあげている〝自然と共生する持続可能な平和で豊かな暮らしを創造する人づくりと社会づくり〟の実践である。これまでも「伝える」や「学ぶ」という機能を持った自然学校の特徴を活かし、震災後に森林に関わるいろいろな活動を続けてきた。今後、環境や森林に関わる問題を解決するにあたって、次世代を担う子どもの環境教育という役割がますます重要であると強く認識している。

　このプロジェクトはまさに、生活者の健康と安全と環境に配慮した持続可能な豊かなライフスタイルまでも提供しようという企業倫理を持つ工務店との連携である。これからの環境や森林の問題解決には、次世代を担う子どもの教育が不可欠であり、また、子どもだけではなく、環境や森林に関わる様々な課題に対し、社会全体で意識を高めていくためには、伝え、学び、考える場所が必要である。このようなコンセプトに賛同する企業と連携する動きが生まれてき

ているのである。

　住宅メーカーは数多く存在する。例にもれずグローバル経済の中で合理的に利益を上げる企業間競争にさらされている。化学物質を含まない建築材を使用した家づくりが、健康で安全な住空間の提供になるが、企業の利益が優先され市民の健康安全が軽視される。自然素材、環境に優しい……などの文言は企業コマーシャルで使われるが、溢れるコマーシャルの情報を生活者が判断できずにいるのが実態である。ここまでくると企業倫理の問題になる。中小の工務店が住宅メーカー業界の販売競争に単独で取り組むと大手メーカーに太刀打ちできない。マスメディアを多用して大量に住宅だけを販売する大手メーカーは大量に建材を仕入れ、より合理的に利益を上げるためにコストが安い化学物質を含む建材を多用する。低価格住宅を望む生活者にとっては良いけれども、健康や安全を重視する生活者が健康に悪い建材を使っているのを知らされないまま購入させられるケースもある。低価格にはそれなりの理由があるのである。自然学校のコンセプトに賛同した企業は、健康や安全を環境意識にまで広げ、住宅だけではなくエネルギーの課題、食の課題など自然環境の循環を意識するライフスタイルを提案し、だから健康で安全な住宅があることを知らせるという場を望んでいる。

　現在企画し検討しているプロジェクトは、自然学校と工務店が中心になって、先に述べた「エコビレッジ」を展開する取り組みである。その中で暮らしのあり方を考え、子どもを持つ家庭がこれからのライフスタイルをどのようにデザインするのか、一緒に体験をしながら考えられる場の提供である。関連するワークショップや講座を開催し正しい情報を提供し、実際に実践をしているものを示すことができる場づくりである。暖房や給湯の熱エネルギーは薪、家畜、畑など自然環境と共生した食を考えて農的な暮らしを中心に置いて、そして、だからこのような住環境を考えましょうという工務店のコンセプトを伝える場である。

　環境教育は、くりこま高原自然学校でも事業の中心としてきたテ

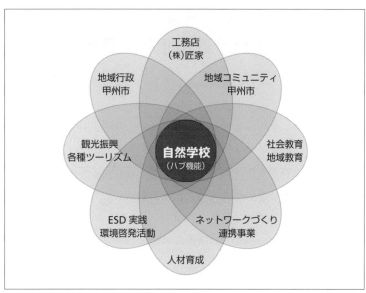

[図9▶2-5]事例④エネルギー・食・住を包括する自然と共生するライフスタイルの提案
著者作図

ーマの一つである。しかしながら、これからは、このテーマがさらに暮らしや生き方にどう反映されるべきかということをより意識していく必要があると考えている。この取り組みは自然学校にとっても、人々が日常の暮らしの中でライフスタイルとしてどう森林と関わってもらえるのか伝える場でもある。資源の循環、産業の促進には、市場を構成する一般の暮らしの中の市民意識の向上が不可欠である。

　このプロジェクトは、くりこま高原自然学校と匠家（工務店）が、行政、地域コミュニティに対して事業の説明と協力を求めることから始まっている。拠点となる施設を整え、今後様々なワークショップなどを開催し、さらに交流の場としてのレストランや宿泊施設、農場・森林整備を進める。それぞれの多彩な事業を展開するために、つながる社会関係資本の構築を進める[図9▶2-5]。

第3節 4つの事例から、自然学校が期待される機能

　自然学校の機能が地域で新しい環境産業の創造に取り組む社会的企業として動き始めている。「人と人」「人と自然」そして「人と社会」をつなぐ役割が自然学校にはあると評価され、自然学校の特徴といえる〝つなぐ〟〝つなげる〟〝つながる〟という機能は、地域の中で様々な課題や領域、そして連携するパートナーなど「社会関係資本」を活用するハブ機能である。

　自然学校が持つ「教育力」「つなぐ力」、さらに「課題解決への課題意識の高さ」の特性が新たな役割として期待されている。

　その他にも自然学校が関わる以下の興味深い動きがある。

- 働く馬協会が進めている農的な暮らしと馬を活用した展開も興味深い。全国各地で自然資源の循環に立脚した農的な暮らしを実践する若者と、馬を活用する取り組みの実践と普及活動をはじめた。
- グリーンイメージ国際映像祭：自然学校が取り組む環境教育と環境映像のつながり。環境映像祭開催組織委員と連動することで、次代を担う子どもへの上映の機会を増大している。
- フットパス：地域づくりに活発に使われるフットパスという手法を地域行政と連携してまちづくりに活用している。九州の自然学校とフットパスの活動は活発。手のひらに太陽の家がある登米市登米町でも「みやぎ登米フットパスクラブ」を立ち上げ地域を活性化するフットパスワークショップが始まっている。
- セブンイレブン記念財団と連携し、森づくりを通じて様々な活動へ展開。セブンイレブンが立ち上げた「高尾の森自然学校」との連携、企業ホールディングスの関連企業との新たな事業展開。企業施設の木質化の促進（西武池袋本店で木製ゴミ箱、セブンイレブン

[写真9▶3-1] 森のようちえん・森にいる子ども

募金箱の木製化など）[写真9▶3-2]。

▶ 加美町：市政アドバイザーの契約。行政が持ち得ない社会関係資本の活用の提案。

これらの事例からわかるとおり、自然学校がこだわっている自然環境と共存し自然資源を循環し持続可能な社会づくりを目指し、業界、業態を超えて意外な組み合わせつくる「ハブ機能」を果たすことが自然学校の今後の展望だろう。

[写真9▶3-2]

第9章◆社会的企業と展望 159

参考資料・アンケート用紙

お名前 (ふりがな)	( )						
生年月日	西暦	年	月	日生まれ		年齢	歳
自然学校事業に関連するご自身の専門分野とそれを関わり学ばれた経緯・資格等をお書きください								
専門分野	関わり学んだ経緯・資格等						

▼自然学校事業組織についてお書きください。

役職名	
現在の団体名	
現在の法人格	・NPO法人　・一般社団法人　・株式会社　・有限会社 ・財団法人　・任意団体　・その他（　　　　）
現在の所在地	〒
沿革：創設時から現在までの組織体制の変化をお書きください	
創立　　　　年	
年	
年	
年	
現在の事業規模	(年間売上額)
現在の職員数	名（常勤：　　名　非常勤：　　名）

▼自然学校事業としてこれまでに取り組まれてきたことについてお答え下さい。

事業内容・事業領域

当てはまる項目は□を■にしてご回答ください（複数回答可）
●自然学校事業として取り組まれた主な事業領域
□ ①幼児青少年教育・子どもキャンプ・森のようちえん
□ ②環境教育・野外教育事業
□ ③人材育成事業・指導者養成・企業研修
□ ④ガイド事業・山岳ガイド・登山ガイド・カヤックガイド・ラフティングガイド
□ ⑤自然ガイド・自然観察会
□ ⑥各種ツーリズム
□ ⑦地域振興事業・地域づくり
□ ⑧福祉事業・雇用支援・ニート支援
□ ⑨自然保全活動・森林整備事業
□ ⑩国際交流・国際協力・途上国支援
□ ⑪災害支援・被災地支援・復興支援
□ ⑫環境調査事業
□ ⑬コンサル事業
□ ⑭人材派遣事業
□ ⑫その他（　　　　　　　　）
●実施されている主なプログラム（参加者を募って実施している）
□ ①子どもキャンプ
□ ②森のようちえん
□ ③各種研修会（どんな：　　　　　　　）
□ ④指導者養成（どんな：　　　　　　　）

- □ ⑤各種ワークショップ（環境教育・地域づくり・自己啓発セミナーなど）
- □ ⑥自然観察会・生き物調べ
- □ ⑦エコツアー・スタディツアー
- □ ⑧アウトドア体験（登山・ロングウオーク・スキー・カヌーなど）
- □ ⑨山村留学・寄宿制度（自立支援）
- □ ⑩一次産業体験（農業体験・林業体験・森づくり）
- □ ⑪農的暮らしプログラム（パーマカルチャー・食）
- □ ⑫健康増進プログラム（森林療法・ヨガ・ノルディックオーク）
- □ ⑬被災地支援プログラム
- □ ⑭その他（　　　　　　　）

●自然学校事業に関連して加盟して会員になっている組織
- □ ① JEEF（日本環境教育フォーラム）
- □ ② JON（日本アウトドアネットワーク）
- □ ③ CONE（自然体験活動推進協議会）
- □ ④ RAC（川に学ぶ体験活動協議会）
- □ ⑤ CNAC（海に学ぶ体験活動協議会）
- □ ⑥森のようちえん全国ネットワーク
- □ ⑦林業関連（　　　　）
- □ ⑧農業関連（　　　　）
- □ ⑨スキー関連（SAJ SIA 他）
- □ ⑩ダイビング（PADI NAUI 他）
- □ ⑪カヤック・カヌー・ラフティング関連（　　　　　　）
- □ ⑫山岳ガイド関連（　　　　　）
- □ ⑬その他（　　　　　　　　）

▼これまでの自然学校事業の経営を通じてあなた自身が感じてきたことをお書きください。
　キーワードだけでも結構です。

(1) 理念・使命・特徴・こだわり
①自然学校事業を始められた理由
②自然学校事業の理念・使命
③自然学校事業の特徴・こだわり
(2) 社会の変化の認識について
①社会の変化をどのように捉えていますか？
②創設時と現在の社会の変化をどのように感じていますか？
(3) 自然学校の変化について
①社会の変化に応じて自然学校事業を変化させた事がありますか？
(4) 自然学校の役割の変化と可能性について
①これまでのあなたの自然学校事業の社会的な役割はどんなことでしたか？
②自然学校の社会的な役割に社会問題を解決する使命があると思いますか？ 　　・ある　　　　・ない 　あると思う方は、具体的にどんな社会問題がありますか？ ③今後自然学校事業が新たに広がると予想している役割はありますか？ ・それはなぜですか？

▼本研究の仮説（ご依頼の挨拶文にあげている3つの仮説項目）に関連してのご意見をお聞かせください。
　記述式で難しい設問で申し訳ございません。キーワードや箇条書でも結構です。

①自然学校が持つ教育力の特徴についてどうお考えですか。
②自然学校が捉えている社会関係資本の関係性の特徴にあげられることがありますか？
③自然学校が持つ社会問題を解決する力にあげられるものがありますか？

参考文献

- 朝野洋一、寺坂昭信、北村嘉行編著(1988), 地域の概念と地域構造, 大明堂
- 阿部治、川嶋直編著(2012), ESD拠点としての自然学校 持続可能な社会づくりに果たす自然学校の役割, みくに出版, p.11
- 泉留維(2000), 地域通貨の有効性についての考察(1), 自由経済研究15
- 稲葉陽二(2011), ソーシャル・キャピタル入門, 中央公論新社, pp.14-15, p.18
- 岩崎正弥、高野孝子(2010), 場の教育「土地に根ざす学び」の水脈, 農山漁村文化協会, pp.42-46
- 植田和弘(2013), 緑のエネルギー原論, 岩波書店
- 梅原猛(1995), ブナ帯文化, 新思索社
- NHK取材班(1986), NHK特集 森が危ない, 日本放送出版協会, p.200
- 大前純一(2006), 地球、そこが私の仕事場 愛知万博・地球市民村の40人、大いに語る, 海象社
- 岡島成行(2001), 自然学校をつくろう、山と渓谷社
- 岡島成行(2009)、自然体験・環境教育事業を活用した農業・農村の活性化に関する研究, 東京大学大学院博士論文
- 岡村泰斗、佐々木豊志、豊留雄二、中松文子(2005), 自然学校と地域社会のつながり, 奈良教育大学附属自然環境センター紀要7
- 小野三津子著、小河原孝生編(1996), つながりひろがれ環境学習 こころのエコロジー・ワークショップ、ぎょうせい
- 海外環境協力センター(1993), アジェンダ21 持続可能な開発のための人類の行動計画, 海外環境協力センター
- 金丸弘美(2009), 田舎力 ヒト・夢・カネが集まる5つの法則, 日本放送出版協会
- 金丸弘美(2012), 幸福な田舎のつくりかた 地域の誇りが人をつなぎ、小さな経済を動かす, 学芸出版社
- 亀井浩明、有園格、佐野金吾編著(1996), 中教審答申から読む21世紀の教育, ぎょうせい
- 環境庁(1992), 平成4年版環境白書, 環境庁
- 環境庁(1993), 平成5年版環境白書, 環境庁
- 環境教育推進研究会(1992), 生涯学習としての環境教育実践ハンドブック, 第一法規出版
- 環境省(2003), 平成14年度「中山間地域における自然体験活動等を通じた地域活性化方策調査」報告書, 環境省自然環境局
- 川嶋直(1998), 就職先は森の中 インタープリターという仕事, 小学館
- 川嶋直(2012),「CSR×ESDから見た自然学校」ESD拠点としての自然学校, みくに出版
- 河井孝仁、遊橋裕泰編著(2009), 地域メディアが地域を変える, 日本経済評論社
- キャサリーン・レニエ、マイケル・グロス、ロン・ジマーマン著 食野雅子、ホーニング睦美訳(1994), インタープリテーション入門 自然解説技術ハンドブック, 小学館
- 佐々木豊志(2006), 不登校・引きこもり・ニートを支援する自然学校の社会的役割に関する研究, 平成17年度宮城大学大学院事業構想学研究科修士論文
- 佐藤初雄、櫻井義維英(2003), 実践・自然学校運営マニュアル 国際自然大学校20年の極意, 山と渓谷社

- 佐藤初雄（2009），社会問題を解決する自然学校の使命，みくに出版
- 紫牟田伸子、フィルムアート社編集部編（2012），クリエイティブ・コミュニティ・デザイン　関わり、つくり、巻き込もう，フィルムアート社
- 敷田麻実（2003），持続可能なエコツーリズムを地域で創出するためのモデルに関する研究，観光研究15
- 敷田麻実編著、森重昌之、高木晴光、宮本英樹（2008），地域からのエコツーリズム　観光・交流による持続可能な地域づくり，学芸出版社
- 「自然が先生」全国市民の集い実行委員会、日本環境教育フォーラム（1997），「自然が先生」全国市民の集い報告書，日本環境教育フォーラム
- 自然学校全国調査委員会（2011），第5回自然学校全国調査2010調査報告書，日本環境教育フォーラム
- 自然保護年鑑編集委員会編（1996），自然と共に生きる時代を目指して　自然保護年鑑4，自然保護年鑑刊行会、日正社
- 清水満編著（1996），生のための学校　デンマークで生まれたフリースクール「フォルケホイスコーレ」の世界，新評論
- 神野直彦（2002），人間回復の経済学，岩波書店，p.124
- 神野直彦（2002），地域再生の経済学　豊かさを問い直す，中央公論新社，p.36, pp.151-154
- 神野直彦（2010），「分かち合い」の経済学，岩波書店
- 青少年の野外教育の振興に関する調査研究協力者会議（1996），青少年の野外教育の充実について，pp.2-3
- 高木晴光（2012），「地域のスモールビジネスとしての自然学校」ESD拠点としての自然学校，みくに出版
- 高木幹夫、日能研（2009），予習という病，講談社，pp.110-112
- 高橋真樹（2012），自然エネルギー革命をはじめよう，大月書店
- 高野孝子編著（2014），Place Baced Education 地域に根ざした教育，海象社
- 田中淳夫（2011），いま里山が必要な理由，洋水社
- 田中優（2011），地宝論　地球を救う地域の知恵，子どもの未来社
- ダニエル・グリーンバーグ著、大沼安史訳（2006），世界一素敵な学校　サドベリー・バレー物語，緑風出版
- ダニエル・ゴールマン著、土屋京子訳（1996），EQ　こころの知能指数，講談社
- 田中宏司、水尾順一編著（2013），人にやさしい会社　安全・安心、絆の経営，白桃書房
- 地球環境パートナーシッププラザ（1999），持続可能な社会のための教育についての日米協働事業〜環境教育についての日米対話〜報告書，地球環境パートナーシッププラザ
- 津村俊充（2012），プロセス・エデュケーション　学びを支援するファシリテーションの理論と実際，金子書房
- 暉峻淑子（1989），豊かさとは何か，岩波書店
- 泊みゆき（2012），バイオマス本当の話，築地書館
- 西村佳哲（2011），いま、地方で生きるということ，ミシマ社
- 西尾漠（2008），エネルギーと環境の話をしよう，七つ森書館
- 西村仁志（2004），『「自然学校」の発展と課題』，同志社大学大学院総合政策科学研究科修士論文
- 西村仁志（2006），日本における「自然学校」の動向―持続可能な社会を築いていくための

学習拠点へ，同志社政策科学研究 8 巻 2 号，p.31, p.32, pp.33-35, pp.37-38
- 西村仁志（2008），「自然学校による地域づくりの実践」日本型環境教育の知恵，小学館，p.68
- 西村仁志（2012），「社会的企業としての自然学校〜ソーシャル・イノベーションの潮流を手がかりに」ESD 拠点としての自然学校，みくに出版
- 西村仁志（2013），ソーシャル・イノベーションとしての自然学校　成立と発展のダイナミズム，みくに出版，p.147
- 日本環境教育フォーラム（1996），自然学校宣言
- 日本環境教育フォーラム編著（2000），日本型環境教育の提案　改訂新版，小学館
- 日本環境教育フォーラム編著（2008），日本型環境教育の知恵，小学館，p.44
- 日本エコツーリズムセンター（2013），平成 24 年度東日本大震災復興ソーシャルビジネス創出促進事業　ソーシャルビジネス・ノウハウ移転支援マニュアル，被災地型自然学校を拠点としたソーシャルビジネスサロンの創出
- 野田恵（2010），「環境教育における「経験」概念の研究—農山村における自然体験学習の経験主義的基礎づけ—」東京農工大学大学院博士論文，pp.53-58
- 野中郁次郎、竹内弘高、梅本勝博（1996），知識創造企業，東洋経済新報社，pp.87-90
- 橋迫和幸、川崎直幸（2009），「生きる力」の育成と地域の教育力再生の課題—宮崎県小林市のアンケート調査から—，宮崎大学教育文化学部紀要教育科学第 21 号，pp.33-56
- 畠山重篤（1999），リアスの海辺から，文藝春秋
- 畑村洋太郎（2003），創造学のすすめ，講談社
- 浜本奈鼓（2006），地球でここだけの場所，南方新社
- ハル・コック著，小池直人訳（2007），グルントヴィ　デンマーク・ナショナリズムとその止揚，風媒社
- 久繁哲之介（2010），地域再生の罠—なぜ市民と地方は豊かになれないのか？，筑摩書房
- ビーパル地域活性化総合研究所編（2008），葉っぱで 2 億円稼ぐおばあちゃんたち〜田舎で生まれた「元気ビジネス」成功法則 25，小学館
- 廣田裕之（2001），パン屋のお金とカジノのお金はどう違う？，オーエス出版
- 広井良典（2009），コミュニティを問いなおす—つながり・都市・日本社会の未来，筑摩書房，p.37
- 広瀬敏通編著（1999），自然語で話そう〜ホールアース自然学校の 12 ヶ月，小学館
- 広瀬敏通（2012）「災害に向き合う自然学校」ESD 拠点としての自然学校，みくに出版
- 広瀬敏通（2014），災害を生き抜く　災害大国ニッポンの未来をつくる，みくに出版
- 降旗信一（2005），自然体験学習実践における青少年教育の現状と課題—自然学校の成立と発展に注目して，ESD 環境史研究　持続可能な開発のための教育 4
- 保母武彦（2013），日本の農山村をどう再生するか，岩波書店，pp.318-322
- 町田宗鳳（2001）「野性」の哲学　生きぬく力を取り戻す，筑摩書房，p.107
- 松永勝彦、畠山重篤（1999），漁師が山に木を植える理由，成星出版
- 文部省（1991），環境教育指導者資料（中学校・高等学校），大蔵省印刷局
- 文部省（1995），環境教育指導者資料（小学校），大蔵省印刷局
- 文部省（1995），環境教育指導者資料，大蔵省印刷局
- 文部省（1996），中教審「21 世紀を展望した我が国の教育の在り方について（第一次答申）資料 5

- 文部省（1996），青少年の野外教育の充実について　青少年の野外教育の振興に関する調査研究協力者会議
- 矢川徳光（1973），新教育への批判・日本教育の危機（矢川徳光教育学著作集第3巻），青木書店，p.140
- 山田晴義編著（2007），地域コミュニティの支援戦略，ぎょうせい
- 山崎憲治、中村哲雄編著（2010），持続可能な社会をつくる実践学─岩手大学からの発信─，岩手日報社
- 山口久臣（2012），「自然学校」事業の推進と地域づくり-地域づくりの拠点としての自然学校の役割　ESD拠点としての自然学校，みくに出版
- 結城登美雄（2008），東北を歩く　小さな村の希望を旅する，新宿書房
- 結城登美雄（2009），地元学からの出発　この土地を生きた人びとの声に耳を傾ける，農山漁村文化協会
- レイチェル・カーソン著、青樹築一訳（1974），沈黙の春，新潮社
- レスター・ブラウン、デヴィッド・ハウエルほか（2005），地球環境　危機からの脱出　科学技術が人類を救う，ウェッジ
- ローワン・ジェイコブセン著、中里京子訳（2011），ハチはなぜ大量死したのか，文藝春秋

あとがき

　私が自然学校をテーマに論文執筆に至ったきっかけは、十数年ほど前に宮城大学事業構想学部の宮原育子先生と学生が、私が主宰する「くりこま高原自然学校」を訪ねてきたことに始まります。当時、自然学校の事業は不確実で模索している情況でした。この事業を一般化し社会化する必要があることに気づかせていただいた私は、2004年に宮城大学大学院事業構想学研究科修士課程に入学し、宮原先生の研究室で2006年春に「不登校・引きこもり・ニートを支援する自然学校の社会的役割に関する研究」という修士論文をまとめることができました。

　2008年に岩手・宮城内陸地震で被災し、震災からの再生と「自然学校」の事業構想としての視点で自然学校の再生と社会化のための研究に取り組むために博士後期課程に入学しました。入学2年後の2011年に東日本大震災で再び自身を取り巻く環境と情況が急変し、論文の執筆も何度か諦め挫折しかけました。その都度、宮原先生には励まされ、折れかけた気持ちを何度も支えて頂きました。

　予備審査では、宮原先生の他、復興事業など自然学校の取り組みとの接点の多い主査の風見正三先生から、論文の構成へのアドバイスと力強い励ましを頂きました。副査の小嶋秀樹先生からは、私の至らない点に的確な指摘をたくさんいただき、熱い励ましを頂きました。何度も論文の内容、組み立て、執筆の文章の一字一句までご助言をいただきました。そして、さらに本試験の前日には深夜遅くまでご指導いただきました。熱いご指導を頂いた風見先生、宮原先生、小嶋先生にはあらためて深く感謝申し上げます。

　また、本論文の執筆にあたり、全国の自然学校の方々にアンケート調査、インタビュー調査を行いました。回答を頂いた16の自然学校の方々に深く御礼申し上げます。また、お忙しい中インタビュー

調査を快く引き受けていただいた、佐藤初雄さん、川嶋直さん、辻英之さん、梅崎靖志さん、山口久臣さん、小倉宏樹さん、中根忍さん、李妍焱さんに深く感謝申し上げます。また、自然学校の研究において私の精神的な指針になっている岡島成行さん、広瀬敏通さん、西村仁志さん、降旗信一さんにもこの場を借りて改めて感謝申し上げます。

　さらに、本論文で社会的企業の社会関係資本としてのつながりを実践させていただいたモンベルの辰野勇会長、日能研の高木幹夫代表、新越ワークスの山後春信社長、さいかい産業の古川正司さん、ワイス・ワイスの佐藤岳利社長、セブンイレブン記念財団の山本憲司理事長、井下龍司理事兼事務局長、小野弘人さん、NPO法人しんりんの大場隆博さん、その他、絆と縁をいただきつながることができた数多くの皆様に心から感謝申し上げます。

　2008年、2011年と大きな震災に遭遇し、自然学校の機能を試されました。その中で、私に研究という時間を与えてくれた、くりこま高原自然学校の塚原俊也君ほか、私が取り組む事業を支えてくれている全てのスタッフと全ての仲間に深く感謝いたします。

　最後に、この論文で得られた知見が、今後の自然学校の事業に取り組む仲間にとって社会的企業として目指すべき指針となることを願い、私自身も自然学校がさらに社会に貢献する役割を担い、発展するための活動に取り組んで行くことを改めて決意して結びとさせていただきます。

　2016年3月31日

佐々木豊志

追記：このあとがきを書き終えた直後の2016年4月14日の前震、16日未明の本震が襲った熊本地震が発生した。九州で活躍している自然学校の仲間の安否を確認し、本研究の調査にも協力していただいたIOEの山口さん、五ヶ瀬自然学校の杉田さんらと〝RQ九州〟を立ち上げた。
　そして、彼らはいまだに余震が続く中、被災地の支援活動にその役割を担っている。特に自然学校の機能と役割を生かし、いち早く直後に支援活動を始動した五ヶ瀬自然学校の杉田さんにはその尽力に敬意を表し、結びとさせていただきたい。

佐々木豊志［ささき・とよし］

1957年岩手県生まれ、事業構想学博士。筑波大学で野外運動・野外教育・冒険教育を研究。1996年私費を投じて「くりこま高原自然学校」を設立。体験学習法をベースに冒険教育・野外教育・環境教育を通じて青少年の「生きる力」を育む教育活動を実践。2000年に不登校・引きこもりを支援する長期寄宿を併設し、スタッフと寄宿生とともに農的な暮らしを実践している。さらに自然と共生し持続可能な豊かな社会を創造できる〝人づくり〟に取り組みながら〝エコビレッジ（環境暮らし実験村）〟を展開している。自然学校の業態を社会的企業として分析し2006年宮城大学大学院事業構想学研究科修士課程修了。2008年「岩手・宮城内陸地震」で被災し避難指示を受け活動の場所を失う。2011年東日本大震災では被災地支援に奔走する。2015年宮城大学大学院事業構想学研究科博士後期課程修了。

現在、一般社団法人くりこま高原自然学校 代表理事、NPO法人くりこま高原・地球の暮らしと自然教育研究所 理事長、NPO法人日本の森バイオマスネットワーク 理事長、株式会社銀河自然学舎 代表取締役。

環境社会の変化と自然学校の役割
自然学校に期待される3つの基軸
——くりこま高原自然学校での実践を踏まえて

2016年12月17日　初版第1刷発行

著　者　佐々木豊志
発行者　安　修平
発　行　株式会社みくに出版
　　　　〒150-0021東京都渋谷区恵比寿西2-3-14
　　　　電話03-3770-6930　FAX.03-3770-6931
　　　　http://www.mikuni-webshop.com/
印刷・製本　サンエー印刷
ISBN978-4-8403-0654-6 C0036
Ⓒ2016　Toyoshi Sasaki, Printed in Japan
定価はカバーに表示してあります。